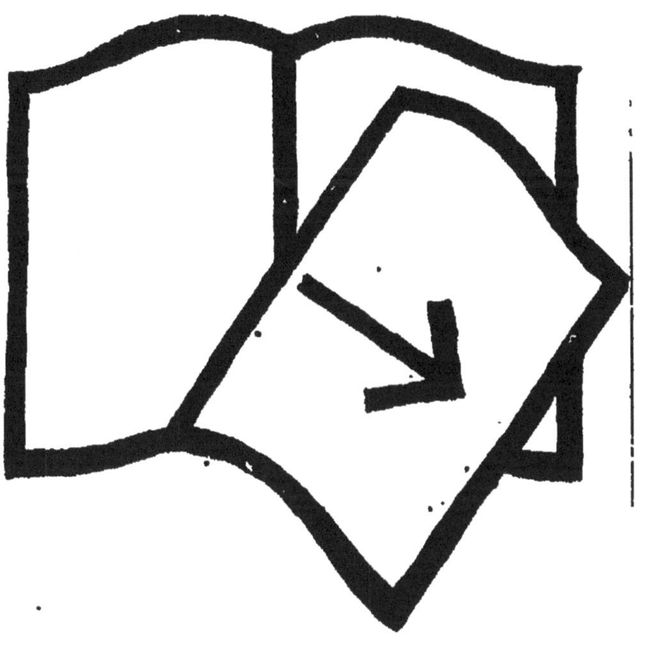

Couverture inférieure manquante

Début d'une série de documents
en couleur

## STRATÉGIE NAPOLÉONIENNE

# LA
# CAMPAGNE D'AUTOMNE
## DE 1813

ET LES

## LIGNES INTÉRIEURES

**Par A. G.**

ANCIEN ÉLÈVE DE L'ÉCOLE POLYTECHNIQUE

PARIS

**LIBRAIRIE MILITAIRE DE L. BAUDOIN**

IMPRIMEUR-ÉDITEUR

30, Rue et Passage Dauphine, 30

1897

Tous droits réservés.

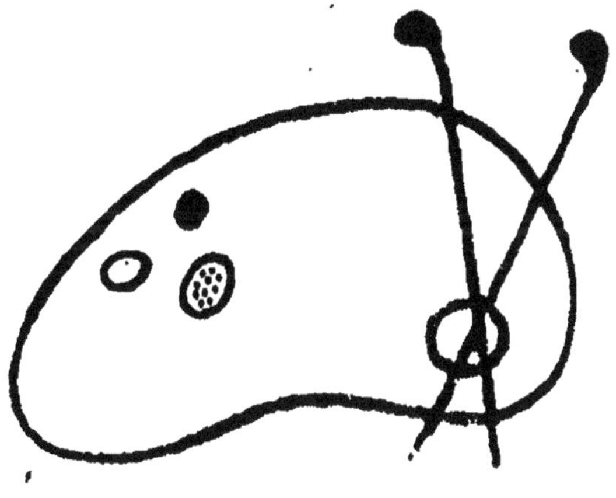

Fin d'une série de documents
en couleur

# STRATÉGIE NAPOLÉONIENNE

## LA
# CAMPAGNE D'AUTOMNE
## DE 1813
### ET LES
## LIGNES INTÉRIEURES

PARIS. — IMPRIMERIE L. BAUDOIN, 2, RUE CHRISTINE.

# LA
# CAMPAGNE D'AUTOMNE
## DE 1813

ET LES

## LIGNES INTÉRIEURES

**Par A. G.**

ANCIEN ÉLÈVE DE L'ÉCOLE POLYTECHNIQUE

PARIS

**LIBRAIRIE MILITAIRE DE L. BAUDOIN**

IMPRIMEUR-ÉDITEUR

30, Rue et Passage Dauphine, 30

1897

# LA CAMPAGNE D'AUTOMNE DE 1813

## ET

## LES LIGNES INTÉRIEURES.

### AVANT-PROPOS.

La campagne d'automne de 1813 est une des plus intéressantes de l'histoire militaire, tant par ses résultats que par le détail des opérations.

Au point de vue politique, c'est l'effondrement de la domination de Napoléon et l'affranchissement de l'Allemagne ; au point de vue militaire, c'est l'impuissance de sa stratégie, sans que l'infériorité de ses forces puisse suffire à expliquer les succès obtenus par les armées de la Coalition. Il avait jadis opéré dans des conditions analogues, mais sur un théâtre plus restreint, et il avait réussi à battre à plusieurs reprises ses adversaires malgré la supériorité de leurs moyens.

Il est vrai que le meilleur de son armée avait péri dans la campagne de Russie ; mais, avec un art prodigieux, il avait reconstitué en quelques mois une armée nombreuse, un peu jeune, mais qui cependant avait fait ses preuves dans la campagne du printemps. En deux batailles elle avait rejeté les Russes et les Prussiens de la Saale jusque sur l'Oder.

Malheureusement, pendant que cette armée achevait son organisation sur l'Elbe, l'Autriche apportait, dans la balance des forces en présence, le poids de son armée en faveur de la Coalition. Napoléon, qui s'était trouvé supérieur en nombre au printemps, allait au contraire, à la rupture de l'armistice, avoir à lutter avec moins de 400,000 hommes contre près de 500,000 hommes.

Mais les armées de la Coalition devaient opérer sans se lier ensemble et en combinant leurs opérations à distance; Napoléon, qui s'était assez bien rendu compte de leurs projets, se proposait de profiter de leur division pour les battre successivement, comme jadis, en 1796, il avait eu raison des armées de l'Autriche. Cependant, c'est en essayant de mettre en pratique ce systeme d'opérations qu'il a échoué.

On se trouve donc en présence d'une sorte de contradiction, qui est de voir le génie militaire le plus incontesté des temps modernes, essayer de réaliser une conception sur laquelle il a bien réfléchi, qui est un des caractères de sa stratégie, disposer pour l'exécuter de moyens inférieurs, il est vrai, à ceux de ses adversaires, mais encore très grands, et cependant, non seulement échouer dans toutes ses tentatives, mais aboutir à la ruine de son armée. On peut dire qu'en rapprochant les éléments de la lutte de ses résultats, on se trouve en présence d'un véritable paradoxe scientifique. Aussi n'est-il pas étonnant que bon nombre d'écrivains militaires aient essayé de résoudre ce paradoxe.

Si nous voulons y porter aussi notre attention, c'est que nous trouvons leurs solutions insuffisantes et incomplètes.

Nous ferons connaître d'abord l'organisation des armées en présence, en résumant rapidement les événements de la campagne du printemps; puis, abordant la campagne d'automne qui est l'objet principal de notre étude, nous examinerons chaque phase de cette guerre mémorable en commençant par exposer les faits sans commentaires, et en y revenant ensuite pour les analyser et trouver la vraie cause des résultats obtenus. Enfin, en présence de ces résultats, nous nous demanderons ce qu'il faut penser du système d'opérations que Napoléon a voulu pratiquer, dont il espérait de si grands succès, et qui l'a conduit, au contraire, à la ruine de son armée.

## I.

### Les armées en présence.

L'organisation de l'armée de 1813 est certainement une des
œuvres les plus admirables de Napoléon. Organiser méthodique-
ment les forces d'un pays en y mettant de longues années, est
déjà une tâche dont peu d'hommes sont capables, et cependant
il n'y a pas qu'une bonne solution, ou plutôt, s'il est vrai que
l'une d'elles soit supérieure aux autres, il ne s'ensuit pas que
celles-là soient vraiment mauvaises.

Que le corps d'armée soit à deux ou trois divisions, qu'on y
répartisse la cavalerie et l'artillerie dans des proportions va-
riables, ce ne sont là que des conditions secondaires du succès ;
d'autant plus que les formations les plus avantageuses pour une
armée de 50,000 hommes ne sont pas du tout les mêmes que
pour une armée de 200,000 hommes. Néanmoins, quoique le
problème comporte plusieurs solutions acceptables, il n'appar-
tient pas au premier venu d'en trouver une bonne; quand le
pouvoir est détenu par une succession de personnalités médiocres, ce n'est qu'avec le temps et par suite de fréquents
remaniements que l'on arrive à une organisation répondant
réellement aux besoins de l'époque; et ce qui s'est passé en
France depuis la guerre franco-allemande suffit à montrer qu'on
peut même rester 25 ans sans y réussir. Cette tâche, qui à première vue peut paraître bien simple, exige donc en réalité des
facultés peu communes, même lorsqu'on dispose pour la remplir
de longues années de paix ; mais après un désastre comme celui
de la campagne de Russie, où l'on avait engagé toutes les forces
de la France que la guerre d'Espagne rendait disponibles, se
proposer de refaire en quelques mois une armée, en groupant
des éléments à peine visibles pour la masse, c'est là une tâche
que Napoléon seul était capable d'entreprendre avec succès, et
l'on peut dire qu'en s'y appliquant il a su la remplir avec un
éclat incomparable.

Tandis qu'au mois de février 1813 quelques débris des troupes
françaises repassaient en désordre l'Oder, trois mois plus tard

Napoléon était en mesure de reparaître au cœur de l'Allemagne à la tête de 200,000 hommes.

L'armée avec laquelle il passe la Saale, à la fin du mois d'avril, était formée de trois masses distinctes.

L'une, celle de gauche, venant des environs de Magdebourg, comprenait le 11e corps (Macdonald), le 5e (Lauriston), la division Durutte, quelques bataillons de la garde et la cavalerie de Latour-Maubourg.

Les bataillons de la garde étaient tout ce qui restait des troupes de la garde qui avaient pénétré en Russie ; les cadres en surplus de ce qui était nécessaire pour encadrer 3,000 hommes avaient été renvoyés en France.

Le 11e *corps* était le seul dont la formation datât de l'année 1812 ; il comprenait trois divisions, dont l'une, la division Lagrange, était la dernière du corps d'Augereau qui avait été organisé en Allemagne sur les derrières de l'armée de Russie. Les trois autres divisions de ce corps d'armée, au fur et à mesure qu'elles avaient été prêtes, avaient été acheminées sur le Niemen. Deux d'entre elles, les divisions *Loison* et *Heudelet*, faisaient partie de la garnison de Dantzik avec la division polonaise Grandjean ; la troisième, la division Durutte, avait rallié les Saxons et continué la retraite avec eux sous les ordres supérieurs du général Reynier. La division Lagrange seule n'avait pas dépassé Berlin. On y fondit quelques débris ramenés par le général Gérard qui en prit le commandement, et elle entra dans la composition d'un nouveau corps d'armée. Ce corps, placé d'abord sous les ordres de Gouvion-Saint-Cyr, puis sous ceux de Macdonald, comprit en outre une nouvelle division récemment arrivée d'Italie sous le général Grenier. Comme cette division était très forte, elle fut dédoublée, de sorte que le corps d'armée, qui dans la nouvelle organisation prit le n° 11, comprenait trois divisions d'infanterie ; il avait de plus une brigade de cavalerie légère. Ce corps d'armée formait, avec les quelques bataillons de la garde réorganisés à Posen, la principale force dont disposa le prince Eugène pour arrêter les progrès des Russes en attendant les renforts que Napoléon organisait sur le Rhin.

Le premier de ces renforts fut le 5e *corps*, constitué avec 12 régiments de cohortes.

On sait ce qu'étaient ces cohortes; ce n'était autre chose que 100 bataillons de gardes nationales que Napoléon avait organisés au moment de son départ pour la Russie, pour la sécurité de l'intérieur. Après les désastres de 1812, il les fit rattacher à l'armée active et, en les remaniant, les réduisit à 88 et en forma 22 régiments à 4 bataillons. Le 5e corps comprenant 12 de ces régiments, répartis en 3 divisions, se trouva à peu près réuni à Magdebourg au commencement de mars, sous les ordres du général Lauriston.

Quant à la division Durutte, elle avait pénétré en Russie, comme on l'a dit plus haut et s'était retirée par Posen et Dresde avec les Saxons du général Reynier. Puis, l'évacuation de Dresde devenant nécessaire, les Saxons se retirèrent sur Torgau, tandis que la division Durutte continuait jusqu'au delà de la Saale où elle rallia les forces du prince Eugène en recevant quelques renforts qui la reportèrent à 4,000 hommes.

Avec le 11e corps, le 5e, la division Durutte et les bataillons de la garde, le prince Eugène avait encore sous ses ordres un corps de cavalerie de 3,000 chevaux, commandé par le général Latour-Maubourg.

Ce corps de cavalerie comprenait les premiers escadrons d'une partie des régiments qui avaient pénétré en Russie et qui s'étaient reconstitués à Hanovre et à Brunswick avec des chevaux achetés en Allemagne et des hommes tirés des dépôts; avec les premiers escadrons des autres régiments reconstitués de la même manière, on forma un second corps qui fut commandé par le général Sébastiani, mais qui, à la reprise de l'offensive, n'était pas sous les ordres du prince Eugène.

La division Puthod, du corps de Lauriston, en fut également distraite pour opérer avec Sébastiani sur le bas Elbe. Le reste formait une masse de 62,000 hommes, que le prince Eugène amena à Napoléon en remontant la Saale.


La masse du centre comprenait le 3e corps (Ney), le 6e (Marmont) et quelques bataillons et escadrons de la garde de nouvelle formation. *Le 3e corps* fut formé avec 8 régiments de cohortes et 24 bataillons de conscrits de 1813. Ces bataillons étaient constitués avec les ressources des dépôts des régiments qui n'avaient pas fait la campagne de Russie, complétés avec des cadres tirés d'Espagne et réunis pour la plupart en régiments provisoires.

Le 3° corps put ainsi être organisé en 4 divisions avec une brigade de cavalerie légère; il devait présenter un effectif de 50,000 hommes environ, en y comptant une division de troupes allemandes commandée par le général Marchand; il fut formé partie à Mayence, partie à Francfort, partie à Hanau et dirigé par Wurtzbourg et Erfurt sur la Saale.

*Le 6° corps* comprit une vingtaine de bataillons de conscrits de 1813, constitués comme ceux du 3° corps, un régiment de nouvelle création, le 37° léger, formé au moyen des ressources des compagnies de réserve, qui faisaient dans les départements à peu près le service de la garde municipale à Paris, et 4 régiments formés avec des troupes tirées de l'artillerie de marine, également propres au service de l'infanterie et à celui de l'artillerie. Il fut organisé en 3 divisions et devait présenter, avec une brigade de cavalerie, un effectif de plus de 35,000 hommes.

Il fut réuni à Mayence dans les premiers jours d'avril.

Quant aux troupes de la garde qui devaient marcher avec les corps de Ney et de Marmont, elles ne comprirent qu'un petit nombre de bataillons et d'escadrons.

Cependant Napoléon avait projeté de donner à la garde une très grande extension. Elle devait comprendre 2 divisions de vieille garde, 4 de jeune et 3 divisions de cavalerie; mais au milieu d'avril on ne put disposer que de 8,000 hommes de vieille garde, de 8,000 à 9,000 de jeune garde et de 3,000 cavaliers, mais avec les artilleurs suffisants pour servir 100 bouches à feu. Ces troupes, avec Ney et Marmont, formèrent une masse centrale de près de 100,000 hommes.

Enfin la troisième masse, qui devait constituer la droite de la nouvelle armée d'Allemagne, était formée principalement de troupes organisées en Italie par le général Bertrand.

Elle comprenait 3 divisions françaises et une division italienne; mais en traversant l'Allemagne méridionale, pour se porter sur la Saale, cette masse devait se renforcer d'une division bavaroise et d'une division wurtembergeoise.

Napoléon en forma deux corps d'armée. Bertrand ne conserva sous ses ordres qu'une division française, la division italienne et la division wurtembergeoise qui formèrent *le 4° corps*.

Les deux autres divisions françaises et la division bavaroise durent constituer *le 12e corps* sous les ordres du maréchal Oudinot.

Au moment de la concentration sur la Saale, les divisions allemandes ne se trouvaient pas complètement prêtes, et les corps de Bertrand et d'Oudinot ne comprenaient ensemble qu'environ 45,000 hommes. Cette masse de droite avec celle du centre et celle de gauche, qu'amenait Eugène, formaient donc une armée de 200,000 hommes que Napoléon allait avoir directement sous la main; mais au moment de son arrivée sur la Saale il disposait encore d'autres troupes en Allemagne.

Comme on vient de le voir, la totalité des troupes réunies sur la Saale ne comprenait presque rien des corps d'infanterie qui avaient fait la campagne de Russie, et cependant Napoléon comptait bien utiliser tous les éléments que l'on pouvait en tirer.

L'armée de Russie avait compris :

36 régiments français, dont 16 au 1er corps (Davout), 6 au 2e (Oudinot), 6 au 3e (Ney) et 8 au 4e (Eugène).

Napoléon décida que tous les anciens soldats que l'on pourrait recueillir seraient versés dans les cadres des premiers bataillons de chaque régiment et que ces bataillons serviraient à constituer les garnisons des places de l'Oder, Stettin, Custrin, Glogau, ainsi que celle de Spandau. Tout le reste des cadres fut renvoyé en arrière; ceux des 2e bataillons furent arrêtés à Erfurt pour s'y reformer avec des hommes de la conscription de 1813 envoyés des dépôts et les autres sur le Rhin.

Toutefois, cette mesure ne s'appliqua pas aux régiments du 4e corps qui provenaient d'Italie; on y renvoya tout ce qui restait pour servir de noyau à la formation d'une nouvelle armée.

Avec les autres Napoléon projeta de former deux nouveaux corps : l'un avec les 16 régiments du 1er corps, l'autre avec les 12 régiments provenant du 2e et du 3e. On reconnut bientôt que les débris laissés sur l'Oder étaient insuffisants pour reconstituer un bataillon par régiment et une bonne partie des cadres des 1er bataillons fut aussi renvoyée sur le Rhin pour s'y reformer comme les 3e et 4e, de sorte que les régiments des deux nouveaux corps devaient en définitive comprendre chacun 4 bataillons. Mais comme il n'était pas possible de les réorganiser tous en même temps et que néanmoins Napoléon voulait utiliser ses nouvelles formations, au fur et à mesure qu'elles deviendraient disponibles, il décida qu'on formerait d'abord des divisions provisoires avec les bataillons réorganisés à Erfurt, puis successivement avec ceux reformés sur le Rhin, et ce ne devait être que plus tard que l'on arriverait à l'organisation définitive. Les nouveaux corps ainsi constitués devaient prendre les numéros 1 et 2 et être commandés par les maréchaux Davout et Victor.

En réalité les corps 1, 2 et 3 de l'armée de Russie comprenaient 5 autres régiments qui avaient les numéros 123, 124, 126, 127 et 128; c'étaient des régiments de création récente qui n'entrèrent pas dans la composition des nouveaux corps de Davout et de Victor. Leurs débris furent réunis à Erfurt pour s'y reformer à raison de 2 bataillons par régiment et constituer ensemble une nouvelle division [1].

Les dispositions prises pour la cavalerie furent analogues à celles que Napoléon avait adoptées pour l'infanterie. Tandis que les premiers escadrons des régiments qui avaient fait la campagne de Russie se reformaient à Hanovre et à Brunswick, comme on l'a dit plus haut, les cadres des autres escadrons étaient renvoyés en arrière pour se reconstituer, partie sur le Rhin, partie à l'intérieur du territoire français.

On devait en former d'abord des divisions provisoires, puis leur donner une organisation définitive par la réunion des escadrons d'un même régiment. On devait arriver ainsi à reformer deux gros corps qui, sous les ordres de Latour-Maubourg et de Sébastiani, devaient présenter ensemble près de 20,000 chevaux.

En outre, pour cette arme comme pour l'infanterie, Napoléon fit appel aux dépôts et aux cadres d'Espagne. Il se proposait ainsi de former un 3e corps dont il donnerait le commandement au duc de Padoue.

Après avoir puisé dans les dépôts et dans les armées d'Espagne pour compléter les cadres de tous ces bataillons et escadrons, il

---

[1] En dehors de la Correspondance de Napoléon, on peut consulter sur cette question l'*Histoire du Consulat et de l'Empire* de Thiers, *La Grande Armée de 1813* de Camille Rousset, et surtout l'ouvrage de Charras qui est incomparablement au-dessus de tous les autres; malheureusement ce livre remarquable s'arrête à la veille de Lutzen.

fallait les remplir de soldats, et la conscription de 1813, avec laquelle on forma les régiments provisoires de Ney, de Marmont et de Bertrand, ne devait pas être suffisante. Elle permit seulement de pourvoir aux bataillons d'Erfurt; pour ceux qui devaient se reformer sur le Rhin, on dut puiser dans les 100,000 hommes que Napoléon appela sur les quatre classes antérieures (1809 à 1812). Avec ces dispositions, les deuxièmes bataillons purent être prêts à Erfurt dès le milieu de mars. Une partie fut dirigée sur Magdebourg avec Victor, une partie sur Dresde avec Davout.

Mais l'insurrection du bas Elbe y ramena ce dernier avec une partie des bataillons de son corps d'armée. Afin de réprimer cette insurrection, il eut de plus sous ses ordres la division Puthod du corps de Lauriston et le corps de cavalerie de Sébastiani, et enfin les 28 4e bataillons du 1er et du 2e corps qui, réorganisés sur le Rhin, arrivaient déjà sur le Weser sous les ordres de Vandamme [1]. Le maréchal Davout disposait ainsi de 32,000 hommes avec lesquels il fut chargé de reprendre Hambourg et de rétablir la domination française dans les provinces hanséatiques.

Le reste des bataillons réorganisés à Erfurt se trouvait avec Victor à Magdebourg et sur la basse Saale. Enfin il y avait encore de ce côté la division Dombrowsky, qui se réorganisait en Westphalie avec tout ce qui restait de Polonais en dehors du corps de Poniatowski, qui avait dû se retirer de Pologne en Galicie avec le corps autrichien de Schwarzenberg.

En somme Napoléon, à la fin d'avril, disposait en Allemagne de 250,000 hommes, et ses adversaires étaient loin d'en avoir autant à lui opposer.

Passant l'Oder à la suite du prince Eugène, ils avaient atteint l'Elbe : les Russes de Wittgenstein et les Prussiens d'York aux environs de Magdebourg; Wintzingerode et Blücher à Dresde, tandis que Kutusof restait encore en arrière à Kalisch. Mais malgré l'appui des nouveaux corps prussiens de Bülow et de Borstell, et du corps russe de Voronzow, tout cela ne faisait guère plus de 140,000 hommes. Sans se rendre compte exacte-

---

[1] Les bataillons des régiments de Davout et de Victor furent reconstitués dans l'ordre 2, 4, 1 et 3.

ment des formations de Napoléon, les Alliés savaient que des forces imposantes avaient été organisées sur le Rhin et en Italie et qu'elles étaient en marche vers la Saale, et ils avaient résolu, dès le commencement d'avril, de réunir le gros de leurs forces entre l'Elbe et la Saale, de Leipzig à Altenbourg. Le 28 de ce mois, Wintgenstein, York, Wintzingerode et Blücher se trouvaient au rendez-vous; mais Bülow et Voronzow étaient laissés vis-à-vis de Magdebourg; Kutusof était encore en arrière, et même en comptant sur son arrivée pour la bataille, les adversaires de Napoléon ne devaient pas disposer de plus de 110,000 hommes, tandis qu'il en avait déjà 200,000.

Aussi nombre d'entre eux étaient-ils d'avis qu'il fallait éviter la bataille, et notamment Kutusof à qui les succès de la dernière guerre avaient donné une grande autorité. Mais ce vieux guerrier mourut tout d'un coup à Bunzlau des fatigues de la campagne précédente, et sa mort donna libre carrière aux esprits ardents et aventureux. Il ne fut plus question que d'aller au-devant de Napoléon et de le combattre, et dès qu'on apprit que les Français avaient passé la Saale et étaient en marche sur Leipzig, on prit le parti d'attaquer leur flanc droit. On sait que c'est ainsi que fut amenée la bataille de Lutzen qui, malgré l'énergie des Coalisés, leur fut fatale; 80,000 Russes ou Prussiens seulement y prirent part, et de notre côté un peu moins de 100,000 hommes avec les corps de Ney, de Marmont, de Macdonald et de la garde. Les pertes furent sérieuses de part et d'autre : 20,000 Alliés et de 17,000 à 18,000 Français. Le résultat fut la retraite immédiate de l'armée alliée dans la direction de Dresde. Napoléon la suivit avec le gros de son armée comprenant 140,000 hommes, laissant Ney se reposer à Leipzig quelques jours, pour se porter ensuite sur Torgau avec la division Durutte et y rallier les Saxons, la division Puthod, la cavalerie de Sébastiani, ainsi qu'une partie des 2° bataillons de Victor et de Davout, que l'arrivée des bataillons de Vandamme à Brême rendait disponibles.

Ney devait avoir ainsi à Torgau une masse de 80,000 hommes que, suivant les circonstances, Napoléon pourrait diriger sur Berlin ou rappeler à lui pour concourir à une seconde bataille.

Et en effet, les Coalisés n'étaient pas disposés à céder au premier coup de la fortune. Ayant reçu 30,000 hommes de renfort, moitié Prussiens, moitié Russes, leurs forces se trouvèrent reportées à plus de 100,000 hommes, avec lesquels ils avaient projeté de tenter encore une fois le sort des armes. C'était dans la forte position de Bautzen qu'ils s'étaient proposé de livrer une seconde bataille, celle-là tout à fait défensive. Napoléon ne pouvait pas hésiter à les y attaquer; mais en attendant, prévoyant déjà qu'il aurait bientôt à ajouter l'Autriche au nombre de ses ennemis, il s'occupa d'augmenter encore ses forces. D'une part il renvoya Eugène en Italie pour y reformer une armée avec ses cadres de Russie qui n'avaient pas encore été utilisés, et avec des bataillons tirés d'Espagne. En même temps, il ordonna la réunion à Mayence de nouveaux bataillons et de nouveaux escadrons formés avec des cadres d'Espagne remplis de conscrits. Enfin il activa la formation des 1er et 3e bataillons de Davout et de Victor sur le bas Rhin et le Weser. Toutes ces formations ne devaient être utilisées contre les Coalisés que plus tard; mais déjà Davout pouvait disposer des 28 bataillons de Vandamme, et une deuxième division de jeune garde venait de rejoindre l'armée, tandis qu'une troisième achevait de s'organiser en Franconie. La cavalerie surtout, si faible au début de la campagne, s'augmentait d'une manière sensible. Le duc de Plaisance venait d'amener les nombreux escadrons réunis à Mayence; Napoléon les fondit avec ceux de Latour-Maubourg et de Sébastiani qui appartenais    x mêmes régiments, et porta ainsi chacun de leurs corps à 8,000 cavaliers qui, joints à 4,000 de la garde et à 4,000 des contingents allemands, allaient lui redonner une force de 24,000 cavaliers, sans compter la cavalerie légère attachée à chaque corps d'armée.

Pour commander cette cavalerie, qui devait encore s'accroître dans un avenir prochain, Napoléon appela à l'armée Murat, qu'il ne tenait pas à laisser en Italie en butte aux intrigues de l'Autriche; mais en même temps il lui prescrivit de mettre les troupes napolitaines à la disposition du prince Eugène, ce qui devait permettre à ce dernier de réunir 100,000 hommes sur l'Adige.

Sans tenir compte de toutes ces formations et avec les troupes qu'il avait sous la main, c'est-à-dire avec Macdonald, Lauriston, Oudinot, Bertrand, Marmont et la garde, Napoléon avait déjà une force supérieure à celle des Russes et des Prussiens, et après les avoir suivis sur l'Elbe, il put passer ce fleuve à Dresde et à Meissen sans difficulté; mais dès qu'il sut que l'armée ennemie s'était établie à Bautzen et qu'elle paraissait disposée à y livrer bataille, il prit le parti de l'attaquer, en faisant concourir à son offensive une partie des forces qu'il avait mises sous les ordres de Ney. Pendant qu'il se portait de Dresde sur Bautzen avec le gros de ses forces, il attira donc le maréchal par Hoyerswerda avec le 3e et 7e corps, en lui prescrivant de laisser Victor à Wittenberg, avec les bataillons du 1er et du 2e corps dont disposait ce dernier, mais en revanche en lui donnant le corps de Lauriston qui, ayant passé l'Elbe à Meissen, devait d'abord servir de liaison entre Ney et le gros de l'armée.

Le maréchal allait ainsi arriver sur la droite des Coalisés avec 60,000 hommes, tandis que Napoléon les attaquerait de front avec plus de 120,000 hommes, c'est-à-dire avec une force déjà notablement supérieure à celle qu'ils pouvaient lui opposer ; l'issue de la lutte ne pouvait être douteuse. On sait quels furent les caractères particuliers de cette bataille et comment elle ne produisit pas tous les résultats que Napoléon en attendait.

Il se proposa de déborder l'ennemi en séparant sa propre armée. Il avait été amené à prendre ces dispositions par le désir d'éloigner les Coalisés de la Bohême, tout en les débordant du côté opposé ; mais il était dans l'esprit de ses propres principes, de choisir entre ces deux buts. Or, quel que fût l'intérêt qu'il pouvait y avoir à éloigner les Russes de l'Autriche, cela ne valait pas l'avantage de détruire leur armée, et elle l'eût été si Napoléon eût accablé leur droite avec ses forces bien liées ensemble.

Au contraire, on peut dire que le plan de bataille a manqué d'unité, et c'est pour cela que les résultats obtenus n'ont pas été en rapport avec les moyens dont Napoléon disposait.

Il semble que le terrain sur lequel on se trouvait pouvait évoquer le souvenir de Frédéric, et que c'était le cas de manœuvrer dans l'ordre oblique, en exécutant à la suite de la bataille du premier jour un mouvement d'ensemble du gros de l'armée vers la gauche, de manière à se lier intimement avec le maréchal Ney.

Si ce mouvement était dérobé, l'ennemi était débordé et rapidement mis en désordre. Si au contraire l'armée prusso-russe s'en apercevait et cherchait à y parer en manœuvrant par la droite, elle perdait les avantages de sa position.

Quant à Napoléon, il est clair qu'en découvrant sa droite il ne courait aucun risque, il n'avait rien à craindre de ses communications avec Dresde, disposant de plus de 180,000 hommes contre 100,000, et d'ailleurs la route de Torgau était au besoin suffisante comme ligne de retraite.

Il semble donc que Napoléon aurait dû être amené à livrer une bataille de Leuthen, qui aurait eu pour ses adversaires des conséquences désastreuses, tandis qu'ils perdirent seulement le champ de bataille.

Cependant la victoire était réelle pour les Français et la retraite des Coalisés nécessaire. Tout en évitant de se laisser mettre en désordre, ces derniers durent abandonner successivement la Queiss et la Katzbach. Napoléon ne jugea pas nécessaire de les y suivre avec toutes ses forces, il en détacha le corps d'Oudinot, et lui donna la mission de marcher sur Berlin, en refoulant les corps prussiens et russes qui se trouvaient encore dans la région avoisinante entre l'Elbe et l'Oder. Mais en revanche il attira à lui es troupes que Victor avait sous ses ordres, en lui prescrivant de marcher à la suite de Sébastiani dans la direction de Glogau.

Avec le gros de l'armée, il suivit l'ennemi en retraite au delà de la Katzbach. Bientôt les Prussiens et les Russes, rejetés jusqu'aux portes de Breslau qu'ils n'étaient plus capables de défendre, se crurent obligés de signer un armistice, et Napoléon y consentit de son côté. A notre avis, comme à celui de beaucoup d'autres, c'était la plus grande faute qu'il pût commettre, car il suffisait d'un dernier coup pour abattre les Russes et les Prussiens, et probablement pour empêcher les Autrichiens d'entrer dans la Coalition. En portant ce jugement, nous nous mettons, bien entendu, au point de vue de Napoléon; car si cet armistice eût été le prélude d'une paix durable, il aurait été sans grand inconvénient; quoique, même à ce point de vue, le mieux eût encore été d'achever la défaite de l'armée que l'on venait de battre à Lutzen et à Bautzen; alors l'Empereur, en se montrant modéré, aurait pu paraître poussé seulement par un sentiment élevé et généreux, et non par la crainte d'entreprendre une nouvelle lutte dont l'issue pouvait paraître douteuse; mais au contraire, Napoléon qui ne voulait rien céder de ses prétentions exorbitantes, ne voyait dans l'armistice qu'un moyen de compléter ses préparatifs, sauf à avoir sur les bras les forces de l'Autriche.

Or c'était là une combinaison mauvaise, car l'Autriche avait 800,000 hommes à apporter dans la balance des forces en présence, et Napoléon, malgré toute son activité, ne pouvait espérer augmenter les siennes de plus de 150,000 hommes. S'il eût modéré ses exigences, l'armistice n'eût été qu'un acheminement vers la paix, et si au contraire les Coalisés élevaient des prétentions vraiment incompatibles avec les efforts que la France avait faits depuis vingt ans, Napoléon se trouvait au moins dans une situation morale bien supérieure avec la nation derrière lui pour l'appuyer.

En outre, la conséquence de la modération de ses exigences eût été l'évacuation immédiate de la Vistule et de l'Oder, ce qui eut de suite augmenté l'armée de 60,000 hommes de troupes excellentes; il eût pu dès lors reprendre la campagne avec plus de 450,000 hommes, ayant la France avec lui, et établi avec ces forces sur l'Elbe et la Saale défier tous les efforts de la Coalition.

Au contraire, ayant l'espoir de reporter la guerre sur l'Oder et la Vistule, il y laissa ces 60,000 hommes de vieilles troupes et eut à la reprise des hostilités moins de 400,000 hommes de jeunes soldats, sans espoir de les augmenter sérieusement, tandis que les Coalisés disposèrent immédiatement de 100,000 hommes de plus, pouvant compter en outre sur des renforts de plus de 200,000 hommes.

Il n'y avait donc que deux bons partis : préparer sérieusement la paix, et alors évacuer pendant l'armistice la Vistule et l'Oder; ou au contraire, si on ne voulait pas la paix, ne pas consentir l'armistice et en finir avec les Russes et les Prussiens avant que les Autrichiens aient eu le temps de venir à leur secours.

Du reste Napoléon n'avait pas besoin de toute son armée pour poursuivre ses succès. Les Coalisés, battus à Bautzen, n'avaient pas plus de 90,000 hommes à lui opposer. Il pouvait les suivre avec 100,000 ou 120,000 hommes et employer le reste, partie à marcher sur Berlin, partie à observer la frontière de Bohême. Il pouvait, par exemple, ne garder en Silésie que les corps de Ney, Marmont, Lauriston, Macdonald et la garde, formant ensemble environ 120,000 hommes, laisser Oudinot et Bertrand vers Bautzen, en poussant Victor provisoirement renforcé de Sébastiani et d'une partie des bataillons de Davout sur Berlin. Si pendant que Napoléon rejetait ses adversaires au delà de l'Oder, les Autri-

chiens débouchaient en force de la Bohême, Oudinot ayant avec
Bertrand 50,000 hommes, pouvait se retirer sur Torgau, puis se
relier à Victor et à Davout dont les bataillons s'organisaient rapidement. Tous les régiments des corps 1 et 2 allaient bientôt présenter 3 bataillons, et les deux corps une force de 70,000 hommes,
de sorte que la réunion de Victor, d'Oudinot et de Davout eût permis d'opposer aux Autrichiens 120,000 hommes, sans compter
les renforts qui arrivaient de Mayence par Erfurt, ni Napoléon
qui, revenant de l'Oder avec une partie de ses forces, aurait
infligé aux Autrichiens trop pressés un complet désastre.

Mais cette éventualité n'était même pas à envisager, car les
Autrichiens ne pouvaient pas être prêts à entrer en campagne
avant le milieu de juillet, et Napoléon avait tout le loisir de tirer
des victoires qu'il venait de remporter toutes les conséquences
qu'elles comportaient.

Malheureusement Napoléon ne prit aucun des deux partis qui
étaient les seuls praticables, et en consentant à l'armistice sans
vouloir la paix dans les conditions où elle était possible, il perdit
tous les avantages que cette belle campagne du printemps lui
avait donnés [1]. Car on peut dire que, dans son ensemble, cette
campagne fut à hauteur de son génie. L'organisation de l'armée,
la concentration sur la Saale, les préliminaires et le développement de la bataille de Lutzen sont le fait d'un homme de guerre
hors ligne, et si la bataille de Bautzen ne fut pas aussi parfaite,
elle avait cependant rejeté les Coalisés sur l'Oder. Le désastre de
Russie était réparé, le prestige de l'Empereur rétabli, et c'était
cette nouvelle grandeur qu'il allait compromettre dans une lutte
qu'il pouvait éviter ou au moins continuer avec des chances très
favorables. On sait que les conditions de la paix furent débattues
sans succès au congrès de Prague; mais tout en négociant,
Napoléon s'appliqua à augmenter ses forces en activant tous les
préparatifs qu'il avait déjà commencés depuis six mois. Les 2e
et les 4e bataillons de Victor et Davout avaient seuls été prêts
pour la campagne du printemps; bientôt, non seulement les

---

[1] On ne comprend pas non plus comment, décidé à l'armistice, Napoléon
au moins n'a pas exigé tout le pays entre l'Elbe et l'Oder, que ses adversaires n'étaient pas en mesure de lui refuser, ce qui aurait notablement mo-
difié à son avantage les conditions initiales de la campagne suivante.

3e bataillons furent sur pied, mais de plus, les 1er bataillons dont quelques éléments étaient restés dans les places de l'Oder, purent être réorganisés ; ces derniers furent même prêts avant les 3e et Napoléon eut ainsi, dans tous les régiments de ces deux corps, 3 bataillons (1, 2 et 4.)

D'après les premières dispositions, chacun de ces corps devait avoir une organisation provisoire en 3 divisions ce qui pour les deux corps faisait six divisions.

| | | |
|---|---|---|
| 1re division. . . . . . . . | 16 2e bataillons du 1er corps. |
| 2e — . . . . . . . . . | 16 4e bataillons du 1er — |
| 3e — . . . . . . . . . | 16 1er bataillons du 1er — |
| 4e — . . . . . . . . . | 12 2e bataillons du 2e — |
| 5e — . . . . . . . . . | 12 4e bataillons du 2e — |
| 6e — . . . . . . . . . | 12 1er bataillons du 2e — |

Dès que les 4e, 5e et 6e divisions furent prêtes elles formèrent définitivement le 2e corps sous Victor, qui les réorganisa en réunissant les bataillons d'un même régiment et eut toujours 3 divisions à 12 bataillons chacune.

Quant aux 3e bataillons de ce corps d'armée, les derniers prêts, ils durent former à Magdebourg une nouvelle division sous le numéro 6 *bis*.

Des dispositions analogues furent d'abord prises pour le 1er corps. Les 1re, 2e et 3e divisions comprirent chacune 5 régiments à 3 bataillons, le 16e régiment restant disponible, et quant aux 3e bataillons de ces 15 régiments ils durent former une division 3 *bis*.

Mais on allait avoir ainsi des forces considérables à Hambourg, où Davout était rentré avant la signature de l'armistice, d'autant plus qu'aux 16 régiments du 1er corps on pouvait ajouter une brigade formée de 5 bataillons de diverses provenances, organisée dans la région de Wesel ; cette brigade, désignée sous le nom de brigade de Hambourg, fut amenée sur l'Elbe en même temps que les 1er bataillons. En outre, Napoléon disposait encore de la division Teste qui, portant le numéro 23, avait dû d'abord faire partie du corps de Marmont. Mais cette division comprenant des régiments provisoires n'avait pas été prête pour la campagne du printemps. Napoléon l'enleva définitivement au 6e corps et la fondit dans le 1er, ce qui porta le nombre des régiments de ce corps d'armée de 16 à 20 régiments, dont 4 à 2 bataillons.

Avec ces 20 régiments il forma définitivement 5 divisions qui prirent les numéros 1, 2, 3, 23 et 40 et constitua 2 corps d'armée au lieu d'un seul. Le nouveau 1er corps comprit les divisions 1, 2 et 23 et il fut dirigé sur la frontière de Bohême sous les ordres du général Vandamme; les divisions 3 et 40 formant le 13e corps restèrent à Hambourg avec le maréchal Davout, qui de plus eut sous ses ordres les Danois, ainsi que la brigade de Hambourg qui devait être bientôt augmentée de manière à former une nouvelle division qui devait prendre le numéro 50.

En somme, les trois corps de Vandamme, Victor et Davout (le 13e) allaient présenter une force de plus de 100,000 hommes.

En même temps d'autres bataillons s'organisaient à Mayence, avec des cadres d'Espagne et des hommes tirés des dépôts.

Napoléon en forma d'abord un 14e corps à 4 divisions (42, 43, 44, 45) qui fut placé sous les ordres du maréchal Saint-Cyr.

Il voulut aussi constituer de la même façon un corps d'observation sur la frontière de Bavière composé également de 4 divisions (51, 52, 53, 54), sans compter 2 nouvelles divisions bavaroises; le tout sous les ordres du maréchal Augereau.

Mais ces derniers éléments ne devaient être prêts qu'au mois d'octobre.

Les autres, au contraire, purent entrer en ligne à la reprise des hostilités, c'est-à-dire au milieu du mois d'août.

Il faut y ajouter le corps de Poniatowski qui, après s'être retiré avec Schwarzenberg sur le territoire autrichien, fut autorisé pendant l'armistice à venir rejoindre, par la Bohême, l'armée française. Il put fournir 2 divisions d'infanterie qui formèrent, comme en Russie, le 8e corps de l'armée sous Poniatowski et 2 divisions de cavalerie qui furent réunies sous le commandement de Kellermann, comte de Valmy.

Avec les 1er et 2e corps, les 13e et 14e, Poniatowski et deux nouvelles divisions de jeune garde, Napoléon allait donc avoir environ 150,000 hommes à ajouter aux forces qu'il avait dirigées pendant la campagne du printemps; mais comme les 2e bataillons de Davout et de Victor étaient déjà prêts au mois d'avril, l'armistice ne devait en réalité lui procurer qu'un renfort de 130,000 hommes d'infanterie avec l'artillerie correspondante. Les corps qui avaient participé à la bataille de Bautzen formant environ 200,000 hommes, Napoléon devait donc disposer pour la campagne d'automne de 350,000 hommes, sans compter les corps de cavalerie.

Quant à cette dernière arme, nous avons vu que dès la fin de la campagne du printemps, Latour-Maubourg et Sébastiani avaient reçu la partie principale de leurs escadrons reconstitués sur le Rhin, ce qui formait deux corps présentant ensemble un effectif de 16,000 chevaux. 4,000 hommes de la garde, 5,000 des contingents allemands portaient cette force à 25,000. Mais au moment de la signature de l'armistice, c'est-à-dire le 4 juin, la formation du 3e corps de cavalerie, que devait commander le duc de Padoue, était poussée activement. Une partie de ses éléments était déjà arrivée à Leipzig où Napoléon voulait réunir provisoirement un corps de réserve de toutes armes. Il s'y trouvait 4,000 hommes du 3e corps de cavalerie, que de nombreux détachements déjà en route devaient porter à 9,000 hommes, et aussi plusieurs colonnes en marche pour rejoindre l'armée. La division Dombrowski, réorganisée en Westphalie, devait bientôt y arriver forte de 1800 hommes d'infanterie et de 1200 de cavalerie.

Avec ces forces, le duc de Padoue qui avait en même temps le commandement supérieur de Magdebourg et de Wittenberg d'où il pouvait encore tirer quelques bataillons, devait détruire les partisans ennemis et maintenir libre la rive gauche de l'Elbe. Plus tard, à la reprise des hostilités, ayant son corps de cavalerie au complet, il devait participer aux opérations de l'armée que Napoléon comptait porter sur Berlin. Le mouvement qu'il avait prescrit à Oudinot dans la direction de cette capitale, après la bataille de Bautzen, avait assez mal réussi.

Après avoir obtenu un succès à Hoyerswerda, ce maréchal avait échoué à Luckau et s'était replié sur Torgau ; mais Napoléon avait l'intention de reprendre ce mouvement en donnant à Oudinot de nouvelles forces dont le 3e corps de cavalerie devait faire partie.

Le corps de Kellermann, comprenant les 2 divisions de cavalerie polonaise, reçut le numéro 4.

Napoléon se proposait de former encore un 5e corps de cavalerie avec des régiments tirés en entier d'Espagne, mais ce corps ne fut complet et organisé qu'à la fin de septembre; il fut mis sous les ordres du général Pajol.

Cependant une partie des escadrons de ces régiments furent prêts pour la reprise des hostilités et formèrent une division provisoire sous les ordres du général L'Héritier, tandis que Pajol commandait la cavalerie de Gouvion-Saint-Cyr.

Ces 5 corps devaient présenter un effectif de près de 50,000 cavaliers, auxquels il faut ajouter la cavalerie de la garde qui, formée en 3 divisions, donnait une force de 12,000 chevaux. Napoléon qui au printemps ne disposait pas de 10,000 hommes de cavalerie, allait donc en avoir plus de 60,000 à la reprise des hostilités.

Quant à l'artillerie elle comprenait plus de 1000 bouches à feu attelées, la garde à elle seule en avait plus de 200.

En somme, l'armée qu'il allait commander en Allemagne devait comprendre environ 400,000 hommes, sans compter le corps d'Augereau ni l'armée que le prince Eugène organisait en Italie. En dehors de ces dernières forces il ne pouvait attendre que des renforts de peu d'importance, de sorte que jusqu'au mois d'octobre il devait conduire la guerre avec les seules forces qu'il aurait à l'ouverture de la campagne.

Sans doute c'était un résultat dont il avait le droit d'être fier que de se trouver à la tête de 400,000 hommes, six mois après le désastre de Russie; mais, comme nous l'avons dit, les Coalisés allaient avoir des forces encore bien plus considérables.

L'armée russe et prussienne qui s'était retirée en Silésie à la suite de la bataille de Bautzen fut presque triplée; elle comprenait les corps russes de Sacken, de Saint-Priest, de Langeron et de Barclay de Tolly, et les corps prussiens de York et de Kleist, formant ensemble près de 230,000 hommes.

En Bohême, les Autrichiens purent réunir en première ligne une armée de 120,000 hommes; du côté du nord se trouvaient les corps russes de Voronzow et de Wintzingerode, les corps prussiens de Bülow et de Tauenzien, présentant avec 50,000 Suédois, Anglais ou Allemands une force de 150,000 hommes.

C'était donc 500,000 hommes que les Coalisés pouvaient opposer immédiatement aux 400,000 de Napoléon; ce n'était pas une

disproportion bien effrayante et Napoléon avait lutté jadis brillamment avec des forces autrement inférieures à celles de ses
ennemis; mais si, grâce à son génie et à l'expérience de ses lieutenants, il lui était permis d'engager la partie avec confiance, il
fallait en même temps bien comprendre la nécessité de triompher
rapidement de ses adversaires; car si la guerre durait, la disproportion numérique allait s'accroître démesurément à son désa-
vantage. Tandis en effet que les Français n'avaient presque pas
de renforts à attendre en Allemagne, de nombreuses réserves
s'organisaient en Pologne pour les Russes, en Silésie et en Pomé-
ranie pour les Prussiens, en Bohême pour les Autrichiens, sans
compter le corps d'observation que l'Autriche devait réunir en
Bavière ni l'armée qu'elle formait sur les frontières d'Italie, pour
tenir en échec les forces d'Augereau et du prince Eugène.

Les Coalisés avaient donc le moyen de réparer leurs pertes et
c'était leur principal avantage sur Napoléon, qui était obligé
d'en finir vite, sous peine de se trouver au bout de deux mois
dans une situation d'autant plus périlleuse, qu'en dehors des
armées organisées qu'il allait avoir à combattre, il serait obligé
de contenir l'Allemagne se soulevant partout sur ses derrières,
et d'employer des fractions importantes de ses forces à assurer
ses communications.

Les Coalisés étaient bien pénétrés des avantages de cette situation; aussi tout en étant résolus à pousser la guerre avec vigueur,
ils avaient pris le parti d'agir avec une grande prudence, d'éviter
de jouer trop tôt une partie décisive et, en attendant, d'employer
tous les moyens pour affaiblir et user leur terrible adversaire.

Partant de ces idées, ils arrêtèrent dans un conseil de guerre
qui eut lieu à Trachenberg au milieu de juillet, les lignes générales du plan d'opérations qu'ils devaient suivre. Il fut convenu
que partout on prendrait l'offensive, mais avec cette restriction
essentielle que, là où serait Napoléon, on agirait avec une extrême
prudence et qu'on se déroberait à son attaque, tandis que, sur
les autres points, on pousserait l'offensive à fond contre ses lieutenants. Telle est l'idée générale qui devait dominer la conduite
des opérations pendant la campagne qui allait s'ouvrir. Quant
à l'application qui devait en être faite, c'est-à-dire au groupe-
ment des forces agissantes et au choix des lignes d'opérations à
suivre, on décida que l'on opérerait avec trois armées distinctes.

La principale comprendrait les 120,000 Autrichiens réunis en Bohême, et de plus 70,000 Russes et 60,000 Prussiens qui, sous les ordres de Barclay de Tolly, de Wittgenstein et de Kleist, seraient distraits des forces réunies en Silésie pour venir les joindre. Cette grande armée serait sous les ordres de Schwarzenberg, qui en même temps était reconnu comme le généralissime des armées coalisées, mais qui en réalité ne devait diriger que l'armée de Bohême avec laquelle les souverains allaient marcher.

Ensuite venait l'armée de Silésie, sous les ordres de Blücher. Elle comprenait les corps russes de Langeron, de Saint-Priest et de Sacken, forts ensemble de 60,000 hommes, et le corps prussien de York qui en avait près de 40,000. C'était donc une force d'environ 100,000 hommes réunis au delà de la Katzbach qui était la ligne de démarcation entre les deux armées en présence pendant l'armistice.

Enfin il y avait l'armée du Nord que devait commander Bernadotte. Elle était forte de 150,000 hommes, dont 45,000 étaient destinés à surveiller les places de la Vistule et de l'Oder, 25,000 à observer Hambourg, tandis que le reste, présentant une force de 80,000 hommes, devait opérer sur l'Elbe moyen sous les ordres directs de Bernadotte.

Avec les trois armées de Bohême, de Silésie et du Nord, les Coalisés disposaient donc bien de 500,000 hommes de première ligne ; en arrière s'organisaient 60,000 Autrichiens aux environs de Vienne, 50,000 Russes en Pologne, et la Prusse pouvait compter encore sur 90,000 recrues qui achevaient de s'instruire. Les ressources de la Coalition destinées à opérer en Allemagne s'élevaient donc à plus de 700,000 hommes, dont près de 500,000 hommes étaient immédiatement disponibles sur le principal théâtre des opérations qui allait être nécessairement le bassin de l'Elbe.

Ces forces étant réparties en trois armées comme nous venons de le dire, le plan d'opérations arrêté à Trachenberg consista à agir concentriquement contre Napoléon en partant de la Bohême, de la Silésie et des environs de Berlin ; le rôle des trois armées était dès le début nettement défini.

L'armée de Bohême devait essayer de pénétrer en Saxe, soit par l'Elbe directement sur Dresde, soit plus à gauche sur Leipzig, de manière à menacer les lignes de .ommunications de Napoléon avec le Rhin; en même temps l'armée de Silésie chercherait à pousser sur l'Elbe les forces qu'elle avait devant elle; enfin l'armée du Nord s'avancerait sur l'Elbe moyen qu'elle essaierait de passer entre Wittenberg et Magdebourg, de manière à menacer le flanc gauche de Napoléon, tandis que l'armée de Bohême attaquerait le flanc droit.

Comme nous l'avons dit, chacune de ces armées devait éviter toute action désavantageuse contre Napoléon, par suite avancer ou reculer suivant les circonstances, en ne perdant jamais de vue que le but final était de se réunir pour le combattre. « Toutes les armées coalisées, était-il dit à la fin de l'instruction qui réglait d'une manière générale les dispositions du plan arrêté à Trachenberg, prendront l'offensive, et le camp de l'ennemi sera leur rendez-vous. »

Les Coalisés espéraient ainsi, par un heureux mélange de de vigueur et de prudence, user Napoléon sans jamais se compromettre, puis après l'avoir affaibli et resserré entre eux, lui livrer une bataille générale et décisive qui amènerait la libération de l'Allemagne.

Il faut bien convenir que ce plan ne manquait pas d'avantages, et quoique en principe l'idée de conduire l'offensive par des lignes d'opérations multiples et sans liaison facile ait toujours été considérée comme défectueuse, on doit reconnaître qu'elle était assez conforme à la situation des armées en présence; la meilleure preuve qu'on en puisse donner, c'est que, quoique exécuté vis-à-vis d'un adversaire tel que Napoléon, ce plan aboutit à la bataille de Leipzig.

Quant à Napoléon, ses forces à la rupture de l'armistice se trouvaient réparties de la manière suivante :

D'abord sur le Bober, vis-à-vis de l'armée de Silésie, il n'avait laissé que les quatre corps de Ney (3e), de Lauriston (5e), de Marmont (6e) et de Macdonald (11e), avec la cavalerie de Sébastiani.

Ils formaient ensemble, sous les ordres supérieurs de Ney, une armée de 100,000 hommes directement opposée à celle de Blücher qui était de même force.

Ensuite, dans la région dont Dresde est le centre, il y avait à

Zittau le corps de Poniatowski (8e) et un peu en arrière le corps de Victor (2e) avec la cavalerie de Latour-Maubourg, puis tout près de l'Elbe, à hauteur de Kœnigstein, le corps de Vandamme (1er) sur la rive droite, et celui de Saint-Cyr (14e) sur la rive gauche, enfin la garde de Bautzen à Gœrlitz.

Ces divers corps formaient ensemble une force de 170,000 hommes environ en y comprenant la garnison de Dresde; ils pouvaient être rapidement opposés à l'armée de Bohême qui en avait 250,000.

Du côté du Nord, Napoléon avait les trois corps de Bertrand (4e), Reynier (7e) et d'Oudinot (12e) qui, sous les ordres de ce dernier, formaient avec la cavalerie du duc de Padoue une armée de 65,000 hommes opposés aux 80,000 de Bernadotte qui devait être rapidement renforcé d'une vingtaine de mille hommes, tirés du blocus des places; mais il y avait de plus la division Dombrowski à Wittenberg; une division mobile formée à Magdebourg avec des éléments de diverses provenances : elle était forte de 12,000 hommes et placée sous les ordres du général Girard. Il y avait enfin le corps de Davout à Hambourg, comprenant 30,000 hommes, tandis que le général Valmoden qui lui était opposé n'en avait que 25,000.

On voit qu'au moment de la reprise des hostilités les armées en présence étaient à peu près égales en Silésie; mais au nord, les forces françaises réparties de Wittenberg à Hambourg étaient inférieures de 20,000 hommes à celles qui leur étaient opposées, et sur la frontière de Bohême la différence était de plus de 80,000 hommes.

En somme, au point de vue numérique, la situation de Napoléon était donc bien moins bonne qu'au lendemain de la bataille de Bautzen, et contrairement à ses prévisions, c'était surtout à ses ennemis que l'armistice avait profité. L'Empereur ne se faisait cependant pas illusion sur l'importance des renforts que l'Autriche apportait à la Coalition; il allait néanmoins engager la lutte avec une entière confiance.

Embrassant dans son ensemble le vaste théâtre sur lequel les armées allaient opérer, il comptait bien, grâce à sa supériorité dans l'art de manœuvrer, rétablir sur le champ de bataille la supériorité qui lui manquait dans l'ensemble; sans connaître en détail les desseins de ses adversaires, il s'était parfaitement rendu compte, avant la reprise des hostilités, de ce qu'ils pouvaient tenter contre lui, et il se proposait de profiter de la division des armées ennemies, qui semblaient mal liées entre elles, pour les battre l'une après l'autre, en renouvelant sur une plus grande échelle, dans le bassin de l'Elbe, les prodiges qui avaient inauguré sa brillante carrière dans le bassin de l'Adige.

Dans une instruction adressée à ses lieutenants le 13 août, c'est-à-dire deux jours après la déclaration de guerre de l'Autriche, il leur exposa ses vues sur la conduite de la prochaine campagne.

D'abord, il veut prendre résolument l'offensive sur Berlin en y employant les corps 4, 7 et 12 avec la cavalerie du duc de Padoue sous les ordres supérieurs du maréchal Oudinot; la division Girard de Magdebourg et le corps du maréchal Davout à Hambourg doivent coopérer à cette opération.

Du côté de la Bohême et de la Silésie les opérations dépendront des mouvements des Alliés à qui Napoléon croit devoir laisser l'initiative.

Examinant les projets possibles des Autrichiens, il suppose successivement qu'ils attaquent sur Dresde par Peterswalde, par Zittau sur Gœrlitz, ou qu'ils rejoignent en Silésie la masse principale des Russes et des Prussiens.

Avant de riposter il veut observer; pour cela il a le corps de Saint-Cyr en avant de Dresde, celui de Poniatowski à Zittau. Vandamme à Stolpen est en mesure d'appuyer rapidement l'un ou l'autre. Sur le Bober il a les 4 corps de Ney, Marmont, Lauriston et Macdonald forts ensemble de 100,000 hommes. Il lui reste une masse centrale à Gœrlitz qui comprend la garde, le 2e corps et la cavalerie Latour-Maubourg formant 80,000 hommes.

Avec ces dispositions Napoléon est en mesure, suivant les circonstances, d'exécuter une concentration rapide sur Dresde ou sur le Bober, ou sur Zittau pour déboucher en Bohême.

Ainsi, ce qui caractérise ces projets, c'est que, tandis que Napoléon est décidé à l'offensive sur Berlin, il veut sur les autres points subordonner ses opérations à celles de ses adversaires. On ne peut qu'admirer la distribution de ses forces vis-à-vis de la Bohême et de la Silésie, car il n'était pas possible de prendre des dispositions mieux en rapport avec les hypothèses qu'il envisageait.

Toutefois il faut remarquer que ces hypothèses n'étaient pas tout à fait conformes à la réalité.

Napoléon suppose en effet les Autrichiens seuls en Bohême, il envisage même l'éventualité de leur passage en Silésie; or, non seulement cette éventualité ne devait pas se réaliser, mais c'était au contraire 130,000 Russes et Prussiens qui devaient passer en Bohême pour y joindre les 120,000 Autrichiens qui s'y trouvaient. Au moment où Napoléon rédigeait son instruction, ce mouvement qui avait commencé le lendemain de la déclaration de guerre de l'Autriche était en pleine voie d'exécution.

L'Empereur devait bientôt en être informé; l'idée lui vint de suite que la grande armée réunie en Bohême pourrait bien se porter sur la Saale de manière à rompre ses communications avec le Rhin; mais la perspective d'un pareil mouvement ne devait pas changer sensiblement ses dispositions.

« Si l'ennemi pénètre par Bayreuth et arrive en Allemagne, écrit-il le 17 au maréchal Saint-Cyr, je lui souhaite bon voyage et je le laisse aller, bien certain qu'il reviendra plus vite qu'il n'aura été. Ce qui importe, c'est qu'on ne nous coupe pas de Dresde et de l'Elbe, peu importe qu'on nous coupe de France. » Et alors il explique que, pendant que la grande armée exécutera le mouvement qu'il suppose, il se jettera sur Blücher et qu'après l'avoir battu il pourra, soit marcher sur Berlin, soit revenir sur la grande armée par la Bohême.

« Tout cela n'est pas très clair ajoute-t-il. Ce qui est clair c'est qu'on ne tourne pas 400,000 hommes qui sont assis sur un système de places fortes et sur une rivière comme l'Elbe. »

Et en effet, pour appuyer et faciliter ses manœuvres, il était maître de ce grand fleuve, depuis sa sortie de la Bohême jusqu'à la mer. Il en possédait toutes les places qu'il avait améliorées, telles que Torgau, Wittenberg et Magdebourg; à Dresde et à Hambourg, qui n'étaient pas protégées par des fortifications permanentes, il avait fait élever des ouvrages en terre pour couvrir ces deux grandes villes avec des forces relativement faibles.

En outre, pendant l'armistice il avait rempli toutes ces places de vivres et de munitions. De la sorte il possédait sur l'Elbe une véritable base d'opérations provisoire des plus précieuse, lui permettant d'y conduire la guerre pendant un certain temps sans se relier directement au Rhin; en même temps il y disposait de nombreux points de passage, tandis que l'ennemi n'en avait aucun, parce que la possession des places le rendait maître de tous les ponts fixes. Si les opérations le conduisaient sur l'Oder il devait y rencontrer les mêmes avantages, étant maître des places de Glogau, de Custrin et de Stettin.

Dans ces conditions il semble qu'il pouvait attendre avec sécurité l'offensive de l'ennemi, car qu'elle se dessinât par la Silésie ou par les frontières de Bohême, il avait les moyens d'y trouver l'occasion de brillants succès.

Malheureusement il n'en était pas de même à l'armée du Nord. Et s'il était raisonnnable d'attendre les plus heureux résultats des combats qui allaient se livrer soit aux environs de Dresde, soit sur le Bober, on ne pouvait envisager sans appréhension les opérations que l'armée d'Oudinot était chargée d'entreprendre. Cette armée, inférieure en nombre à celle qu'elle avait devant elle, était commandée par un chef d'un courage brillant, mais peu capable de la conduire, et quant à l'appui que devaient lui prêter les troupes de Magdebourg et de Hambourg il n'y fallait guère compter en raison de leur éloignement. Nous n'hésitons donc pas à dire que, sous ce rapport, le plan de Napoléon était défectueux. Mais ce n'était pas une raison suffisante pour que la défaite finale fût certaine; car, en somme, le théâtre d'opérations de l'armée du Nord n'était que secondaire, et en regardant la défaite de cette armée comme probable, cette défaite pouvait être compensée largement par les succès que Napoléon pouvait obtenir sur le théâtre principal.

Malgré cette défectuosité, il nous semble donc, en essayant d'oublier pour un moment le résultat de la campagne, qu'à l'ouverture des hostilités toutes les chances étaient en faveur de Napoléon. Son armée quoique jeune était excellente, les succès de Lutzen et de Bautzen avaient fait oublier le désastre de 1812; avec les chefs expérimentés qui la commandaient, Napoléon pouvait compter sur sa vigueur autant que sur son dévouement.

Il est vrai qu'elle avait devant elle des troupes d'un moral fort élevé et qui n'étaient pas prêtes au découragement comme à l'époque d'Austerlitz ou d'Iéna. Elles étaient disposées aux plus grands sacrifices, parce que partout on y avait le sentiment que la guerre qui allait commencer était non pas politique mais nationale. Les Allemands lui ont donné avec raison le nom de *guerre de l'Indépendance*, car c'est surtout dans la résolution de s'affranchir de la domination étrangère qu'a résidé la principale force de leurs armées.

## II.

### Du 15 au 30 août.

#### 1° *Précis des opérations.*

Napoléon reçut, le 12 août, la déclaration de guerre de l'Autriche; après avoir rendu la guerre inévitable par ses exigences, il se croyait en mesure de la conduire victorieusement contre tous ses ennemis.

Comme nous l'avons dit, son système consistait à ne prendre résolument l'offensive que du côté de Berlin et, sur les autres points, à subordonner ses opérations à celles de l'ennemi.

Ayant expédié ses ordres à Oudinot le 12, comptant le voir à Berlin le 21 ou le 22, il quitta Dresde le 15, pour se rendre sur la frontière de Bohême à l'est de Dresde, et essayer de se rendre compte des intentions des Autrichiens. Arrivé à Bautzen, il apprend le 16, le mouvement des Russes et des Prussiens de Silésie en Bohême et, en même temps que Blücher, violant le droit des gens, a rompu l'armistice et attaqué, dès le 15 août, les corps français placés sur la Katzbach, tandis que les hostilités ne devaient recommencer que le 17. Il peut s'attendre à voir la grande armée de Bohême déboucher par Zittau ou par la gauche de l'Elbe, ou bien Blücher poursuivre résolument son offensive; avant de prendre un parti, il veut voir plus clair dans la situation. Le 18, il va à Gœrlitz et le 19 à Zittau, court jusqu'à Gabel et constate que les Autrichiens ne songent pas attaquer de ce côté; les nouvelles de Dresde lui font savoir qu'ils ne se montrent pas non plus aux débouchés des montagnes, sur la rive gauche de l'Elbe; mais en même temps il apprend que les corps de Silésie sont sérieusement attaqués par Blücher.

Il était en effet dans les plans de la Coalition que l'armée de Silésie prendrait la première l'offensive et, ce n'était qu'après qu'elle aurait attiré Napoléon, que l'armée de Bohême essaierait de pénétrer en Saxe. Blücher, comme nous l'avons dit, dans sa fougue, avait devancé de deux jours le terme de l'armistice et, dès le 15, avait envahi le pays neutre qu'il aurait dû respecter jusqu'au 17. Il avait devant lui, sur la Katzbach, le corps de Ney (3e) à Liegnitz et celui de Lauriston (5e) à Goldberg et, plus loin, sur le Bober, le corps de Macdonald (11e) à Lœwenberg et celui de Marmont (6e) à Bunzlau.

Ces quatre corps sortaient à peine de leurs cantonnements lorsqu'ils furent attaqués. Néanmoins, les deux corps de la Katzbach se retirèrent dans le meilleur ordre sur le Bober, Ney se réunissant à Marmont et Lauriston à Macdonald.

Napoléon, prévenu de ces événements dès le 19, mit de suite toute la garde en marche vers le Bober et partit lui-même le 20 au soir après avoir renouvelé ses instructions à Saint-Cyr et à Victor, au sujet de la surveillance à exercer du côté de la Bohême. Il compte en finir rapidement avec Blücher, puis revenir sur l'armée de Schwarzenberg soit par Zittau, soit par Dresde, suivant qu'elle se montrera par l'une ou l'autre rive de l'Elbe.

Arrivé à Lœwenberg le 21 au matin, sans attendre l'arrivée de la garde qui était partie de Gœrlitz la veille, il reprend le jour même l'offensive et en deux jours rejette Blücher au delà de la Katzbach après lui avoir fait perdre plusieurs milliers d'hommes.

Le 22, nos quatre corps sont sur cette rivière, tandis que la garde arrive à Lœwenberg. Mais le soir même Napoléon reçoit un courrier du maréchal Saint-Cyr qui lui apprend que des masses considérables sont en mouvement de la Bohême sur la Saxe, par la rive gauche de l'Elbe.

Dès le lendemain, il remet la garde en marche de Lœwenberg sur Dresde et la fait suivre de Marmont, jugeant les trois corps de Ney, de Macdonald et de Lauriston suffisants vis-à-vis de Blücher. En outre, Vandamme qui était à Stolpen, de manière à appuyer soit Saint-Cyr à Dresde, soit Victor à Zittau, est dirigé sur l'Elbe ; Victor reçoit la même destination, avec l'ordre de ne laisser à Zittau que Poniatowski avec la cavalerie de Kellermann.

Napoléon se dispose à revenir lui-même sur Dresde, mais avant de partir il veut que Ney, Macdonald et Lauriston poussent encore Blücher dans la matinée du 23. Les corps 3, 5 et 11, avec la cavalerie de Latour-Maubourg et de Sébastiani, attaquent de nouveau et obligent leur adversaire à se retirer sur Jauer. Ayant constaté ce résultat, Napoléon part l'après-midi pour Gœrlitz, emmenant avec lui le maréchal Ney qui fut remplacé à la tête du 3ᵉ corps par Souham et après avoir prescrit à la cavalerie de Latour-Maubourg de marcher aussi sur Dresde.

L'armée opposée à Blücher n'allait donc plus comprendre que les trois corps 3, 5 et 11 avec la cavalerie de Sébastiani, forts ensemble de 70,000 hommes; cette armée fut mise sous les ordres de Macdonald qui fut remplacé à la tête du 11ᵉ corps par le général Gérard.

En lui confiant ce commandement, Napoléon donna à Macdonald des instructions précises : « Son but, lui fait-il dire par le major général, est de tenir en échec l'armée de Silésie et d'empêcher qu'elle ne se porte sur Zittau ou sur Berlin.

« Je désire qu'il pousse l'ennemi au delà de Jauer et qu'il prenne ensuite position sur le Bober, où il se retranchera. »

En arrivant à Gœrlitz le soir même du 23, Napoléon y trouve des nouvelles plus précises de Dresde.

Dans une lettre datée de la veille au soir, Saint-Cyr lui apprenait que le mouvement de l'armée de Bohême s'accentuait, qu'une colonne marchant par la route de Peterswalde avait occupé Hellendorf et que le 14ᵉ corps était obligé de se retirer sur Dresde.

Et, en effet, conformément au plan convenu à Trachenberg, la grande armée de la Coalition composée de 250,000 Russes, Prussiens et Autrichiens, dès que l'offensive de Blücher avait été nettement accentuée et, après s'être réunie entre Teschen et Commotau, s'était mise en marche en quatre colonnes à travers les défilés de l'Erzgebirge. A droite, les Russes de Wittgenstein marchaient sur la grande route de Tœplitz à Dresde par Peterswalde; puis les Prussiens de Kleist, suivaient la route de Tœplitz à Dresde par Altenberg et Dippodiswalde; ensuite, le gros des Autrichiens par Commotau et Marienberg sur Chemnitz; enfin, à gauche, les nouvelles levées autrichiennes, sous le général Klenau, suivaient la route de Carlsbad à Zwickau. Ces quatre colonnes marchaient ainsi sans se lier ensemble et sans que leurs chefs sussent au juste ce qu'ils en feraient après avoir pénétré en Saxe, mais plutôt disposés à marcher sur Leipzig, sous le prétexte de couper les communications de Napoléon avec le Rhin. Jomini qui se trouvait au camp des Coalisés, réussit à montrer à Alexandre le danger d'une pareille opération, en lui faisant comprendre que Napoléon avait toutes ses ressources sur l'Elbe, qu'une fois l'armée de Bohême à Leipzig, il pourrait l'attaquer en venant de Dresde avec le gros de ses forces et que, dans ces conditions, ce serait elle et non pas lui qui risquerait d'avoir ses communications coupées et que, si l'on perdait la bataille, la défaite serait désastreuse. Appréciant la sagesse de ces observations, on prit le parti de se porter non pas sur Leipzig mais sur Dresde, en faisant exécuter aux quatre colonnes une grande conversion dont la droite serait le pivot. On espérait enlever cette position avant le retour de Napoléon.

Pour exécuter ces projets, les Russes et les Prussiens avaient cheminé près de Dresde, tandis que la 3e colonne était ramenée de Marienberg sur la route de Dippodiswalde et que Klenau marchait par Chemnitz sur Freyberg.

Le 20 et le 21, le général Pajol qui commandait la cavalerie du maréchal Saint-Cyr, avait observé ces mouvements en se retirant devant les colonnes ennemies et, le 22, deux divisions du 14e corps, attaquées à Gieshubel et à Borna par Wittgenstein, avaient dû céder le terrain. Dans ces conditions, Saint-Cyr prit le parti de replier toutes ses forces sur Dresde, sauf la division de gauche (42e) qu'il tenait à Kœnigstein, et il rendit compte à l'Empereur.

Ces nouvelles n'étaient pas faites pour surprendre Napoléon. En les recevant à Gœrlitz, le 23, il n'eut qu'à compléter les ordres qu'il avait donnés la veille à Lœvenberg.

Vandamme, Victor, Marmont, la garde étaient en marche vers l'Elbe pour soutenir Saint-Cyr; mais, dès le 24, les idées de l'Empereur se précisèrent, il s'arrêta au projet de déboucher avec le gros de ses forces non pas par Dresde mais par Kœnigstein, de manière à tomber dans le flanc droit des Coalisés et à les couper de la Bohême. Sur-le-champ, il donna des ordres en conséquence : Vandamme fut dirigé sur Lilienstein pour y passer le pont de l'Elbe qui reliait cette localité à Kœnigstein, Victor fut porté sur Stolpen ; Marmont et la garde devaient suivre.

Pendant que ces mouvements s'exécutent, Napoléon se porte de Gœrlitz à Stolpen où il arrive le 25, à 7 heures du matin. A midi, il y reçoit le premier avis de la défaite que le maréchal Oudinot avait éprouvée le 13 à Grossbeeren, en essayant de marcher sur Berlin; mais les nouvelles manquent de précision, on peut croire que l'échec d'Oudinot a peu de gravité. L'Empereur persiste dans le projet de manœuvrer par Kœnigstein, mais il se rend bien compte que le succès de cette opération dépend de la résistance du maréchal Saint-Cyr à Dresde. Or celui-ci avait bien écrit qu'il ferait de son mieux, mais aussi qu'il ne répondait de rien.

Pour être mieux renseigné sur la situation, Napoléon envoya son officier d'ordonnance Gourgaud, de Stolpen à Dresde. Celui-ci y trouva Saint-Cyr toujours peu rassuré en présence des forces nombreuses qui l'environnaient, la famille royale et la population remplies de crainte.

Il revint le soir à Stolpen et affirma que Dresde serait enlevée le lendemain si Saint-Cyr n'était pas secouru.

Sur ce rapport, Napoléon modifie ses dispositions. Il dirige le gros de ses forces sur Dresde et laisse Vandamme seul sur Kœnigstein; le dessin général de la manœuvre qu'il exécutera reste le même, mais les rôles sont renversés. Au lieu de tenir en échec l'armée ennemie avec un seul corps et de manœuvrer avec le reste dans le flanc droit de cette armée, ce sera le gros des forces françaises qui lui tiendra tête, tandis qu'un seul corps attaquera son flanc droit. Ainsi Victor, Marmont et la garde sont dirigés sur Dresde, tandis que Vandamme, renforcé de la 42e division, est porté sur Kœnigstein avec l'ordre de concourir à la bataille qui va se livrer en s'emparant de Pirna qui se trouve au point où la route de Peterswalde à Dresde touche l'Elbe.

Précédant ses troupes, Napoléon part lui-même pour Dresde où il arrive le 26, à 9 heures du matin. Il était temps que sa présence vînt y ranimer les esprits.

Le 23 et le 24, on n'avait vu à proximité de Dresde que la colonne de droite de l'armée de Bohême, mais, le 25, les deux colonnes centrales avaient rejoint, et la colonne de gauche devait arriver le 26. Les souverains et le généralissime avaient décidé d'attaquer ce jour-là.

Pour résister à ces 200,000 hommes, Saint-Cyr n'avait que trois divisions du 14e corps avec sa cavalerie et quelques milliers d'hommes spécialement attachés à la place de Dresde.

Le tout formait environ 25,000 hommes que le maréchal établit en demi-cercle autour des faubourgs de la ville, sur une position renforcée de cinq redoutes armées d'artillerie. Il disposa ses troupes avec un art consommé, de manière à utiliser tous les avantages du terrain; mais on comprend que se trouvant en présence de forces dix fois supérieures aux siennes, avec de jeunes troupes qui savaient à peine se servir de leurs armes, il n'ait pas osé affirmer qu'il réussirait à briser leur choc.

Cependant, toute la matinée du 26, les chefs de l'armée de Bohême hésitaient à prononcer l'attaque qu'ils avaient résolue la veille. Ils apprirent rapidement l'arrivée de Napoléon, et les Russes qui suivaient la route de Péterswalde avaient aperçu des colonnes nombreuses venant par la rive droite. D'ailleurs Saint-Cyr s'était retiré sous la protection des ouvrages de la place. On se dit au camp d'Alexandre qu'il ne serait pas aisé d'enlever la position et on était plutôt disposé à se retirer sur les montagnes, lorsque les ordres donnés la veille n'ayant pas été contremandés, l'action commença vers trois heures sur toute la ligne.

Napoléon avait approuvé toutes les dispositions de Saint-Cyr et disposé sur le pourtour de la ville, comme première réserve, la vieille garde, arrivée presque en même temps que lui avec la cavalerie de Latour-Maubourg. Cette dernière fut placée à la droite, sous les ordres de Murat, ainsi que la cavalerie de Pajol et soutenue par une partie de la division Teste, du 1er corps, qui n'avait pas encore rejoint Vandamme[1].

Partout les trois divisions du 14e corps présentèrent une résistance opiniâtre; cependant, grâce à leur nombre, les Prussiens et les Autrichiens réussirent à faire quelques progrès entre les routes de Pirna et de Dippodiswalde. L'entrée en ligne de quelques compagnies de vieille garde avait suffi à les arrêter aux barrières.

Bientôt les quatre divisions de jeune garde, arrivées à leur tour, débouchent sous les ordres de Ney et de Mortier et reprennent à l'ennemi tout le terrain qu'il avait conquis. En même temps, Murat avec Teste et Latour-Maubourg, soutient Pajol qui, à l'extrême droite, avait dû céder le terrain. Sur toute la ligne l'ennemi est refoulé sur les positions qu'il occupait le matin.

---

[1] Le corps de Vandamme qui, comme on sait, provenait du dédoublement des forces primitivement attribuées au maréchal Davout, avait été porté par fractions de Hambourg à Dresde.

L'attaque de l'armée de Bohême a donc échoué, mais Napoléon ne veut pas s'en tenir là. Avec Victor et Marmont qui arrivent dans la soirée, il aura pour le lendemain 120,000 hommes, sans compter Vandamme qui, à Kœnigstein, en a 40,000.

Il veut avec ces forces livrer une bataille décisive et, ayant remarqué que le champ de bataille était coupé par un profond ravin s'abaissant vers l'Elbe, au-dessous de Dresde, il se proposa de la gagner en accablant avec des forces supérieures, l'extrême gauche des Alliés qui se trouvait au delà de ce ravin.

Dans ce but, il place à sa droite Murat avec Latour-Maubourg, Teste et tout le corps de Victor, au centre Marmont et Saint-Cyr avec la vieille garde en réserve et, à gauche, la jeune garde et la cavalerie de la garde sous Ney ; tandis que Saint-Cyr et Marmont entretiendront le combat, Murat à droite, Ney à gauche, doivent prendre résolument l'offensive.

En même temps, Napoléon renouvelle à Vandamme l'ordre de déboucher de Kœnigstein et d'attaquer le flanc droit des Coalisés.

Quant aux Alliés, ils ne savent que se laisser conduire par les événements, il sont décidés à se maintenir sur leurs positions, mais ils n'ont aucun plan d'attaque ni de défense. Comme la veille, les Russes sont à droite, vis-à-vis de Ney, les Prussiens et le gros des Autrichiens au centre, vis-à-vis de Saint-Cyr et de Marmont et, au delà du ravin de Plauen, une division de Klenau dont le gros était encore en marche, avec deux autres divisions autrichiennes.

Le 27, à 7 heures du matin, sur un sol détrempé par une pluie torrentielle qui avait duré toute la nuit, le brouillard s'étant dissipé, la bataille commence par une violente canonnade sur le front de Saint-Cyr et de Marmont.

Bientôt Victor s'avance au delà du ravin de Plauen, tandis que Murat avec la cavalerie se prolonge à droite pour déborder la gauche autrichienne.

Du côté opposé, Ney se dispose à aborder Wittgenstein. En présence de ce dernier mouvement, Alexandre et Schwarzenberg, sur le conseil de Jomini, voyant le centre français immobile et ne sachant pas ce qui passait au delà du ravin de Plauen, songent à accabler Ney en l'attaquant à la fois avec les Russes et les Prussiens. Mais avant qu'ils aient pu mettre ce projet à exécution, l'offensive de Victor et de Murat se développait avec succès.

Vers midi, le premier avait enlevé aux Autrichiens les villages de Toeltschen, de Rosthal et de Corbitz et, pendant qu'ils se retirent, Murat se précipitant sur eux avec la cavalerie de Latour-Maubourg, les jette dans le ravin avant qu'ils aient pu recevoir aucun secours.

A 2 heures, la gauche de l'armée de Bohême était en déroute, ayant perdu 16,000 hommes dont 12,000 prisonniers.

Au centre la lutte continuait sans amener de résultat décisif, si ce n'est qu'un boulet de canon français frappa mortellement le général Moreau qui, étant venu donner ses conseils aux ennemis de sa patrie, se trouvait sur le champ de bataille aux côtés de l'empereur Alexandre. A la droite, le général Barclay de Tolly qui commandait les réserves russes, ayant déclaré que le sol détrempé rendait impossible les mouvements de l'artillerie, on avait renoncé à l'offensive que l'on avait projetée contre le maréchal Ney, mais on était parvenu à arrêter ses progrès.

Ainsi, malgré le brillant succès de Murat et de Victor à notre droite, le soir de la bataille l'armée de Bohême restait maîtresse de ses principales positions vis-à-vis de Napoléon. Celui-ci ne regardait pas la journée comme décisive, il s'attendait à recommencer la bataille le lendemain.

Mais Schwarzenberg ne se sentait pas capable de soutenir une nouvelle lutte. Ayant échoué le premier jour contre des forces très inférieures, ayant lutté péniblement le second en essuyant à gauche des pertes sensibles, le généralissime de la Coalition ne jugea pas prudent d'accepter une troisième bataille. D'ailleurs il avait appris dans la soirée que Vandamme avait débouché de Kœnigstein et occupé Pirna. Ce dernier, en effet, exécutant les ordres de l'Empereur, avait passé l'Elbe le 26 et, tournant à droite, avait marché dans la direction de Dresde. Il avait trouvé devant lui le corps russe du comte Ostermann que Wittgenstein avait laissé sur la route de Peterswalde pour observer le débouché de Kœnigstein. Ostermann ne se trouvant pas en force, céda le terrain, et nos troupes passèrent la nuit à peu de distance de Pirna où elles entrèrent le 27 au matin.

Pendant cette journée, Vandamme s'était contenté de réunir ses troupes sur cette position et de les y installer solidement. Il n'en était pas moins un danger pour la retraite de l'armée de Bohême; aussi Schwarzenberg craignant à la fois d'être bousculé par Napoléon, s'il acceptait une troisième bataille et prévenu en Bohême par Vandamme, prit, le soir même du 27, le parti de décamper sans perdre de temps. Quant aux routes à suivre pour la retraite, on décida que le gros des Russes, sous Barclay de Tolly, reprendrait la route de Peterswalde, que si l'on y trouvait Vandamme, on l'attaquerait pour se frayer un passage, qu'au centre, les Prussiens de Kleist et une partie des Autrichiens se retireraient par Dippodiswalde et Altenberg, tandis qu'à gauche, le reste des Autrichiens passerait par Freyberg, Marienberg et Commotau.

L'exécution de ces dispositions commença dès les premières heures de la matinée du 28. Toutefois Barclay de Tolly, apercevant de l'encombrement sur la route de Peterswalde et craignant d'être arrêté par Vandamme, prescrivit au gros de sa colonne de changer de direction et de prendre à droite pour gagner la route du centre que suivaient déjà les Prussiens et les Autrichiens.

Il ordonna même au comte Ostermann qui, depuis la veille était en contact avec Vandamme, de se replier sur lui avec une partie de son corps d'armée et de laisser le reste seulement suivre la route de Peterswalde sous les ordres du prince Eugène de Wurtemberg. Mais cette dernière partie de l'ordre ne fut pas exécutée. Le prince de Wurtemberg craignant d'être accablé par Vandamme, parvint à retenir Ostermann avec toutes ses troupes et, tous les deux, en contournant habilement les positions qu'occupait Vandamme à Pirna, réussirent à l'éviter et à rejoindre la grande route près de Gieshubel. Toutefois Vandamme averti de la victoire de Dresde et bientôt avisé du mouvement de retraite des troupes qu'il avait devant lui, se mit à leur suite, attaqua leur arrière-garde à Gieshubel et lui livra un violent combat qui lui fit perdre un millier d'hommes.

Pendant ce temps Napoléon qui, la veille au soir, doutait encore de l'importance de sa victoire, avait pu constater lui-même dès la première heure du jour, le mouvement de retraite de l'armée de Bohême et il avait pris ses mesures pour les poursuivre dans toutes les directions.

Mortier, avec l'infanterie de la jeune garde et la cavalerie de Nansouty, est dirigé sur Pirna ; Saint-Cyr doit marcher par Dohna, joindre Vandamme et marcher avec lui sur Gieshubel ; Marmont doit suivre la colonne du centre ; Murat et Victor doivent s'avancer sur la route de Freyberg. Pendant que ces ordres s'exécutaient, Napoléon put constater le mouvement transversal de gauche à droite de Barclay de Tolly, et modifiant les instructions données à Saint-Cyr, il le rapprocha de Marmont en le portant de Dohna sur Maxen.

Partout on rencontra des traînards, des voitures abandonnées et l'on fit encore de nombreux prisonniers, surtout sur la route de Freyberg. Quant à Napoléon lui-même, il arriva à Pirna vers le milieu du jour et, s'étant assis pour voir défiler la garde, il fut pris de violentes douleurs d'entrailles.

On le mit dans sa voiture et il revint à Dresde[1]. La direction de la poursuite fut ainsi abandonnée à Berthier qui instruisit Vandamme de la position de Mortier à Pirna d'où ce maréchal pouvait au besoin le soutenir, et il lui montra comme objectif indiqué par l'Empereur, la communication de Teschen, Aussig et Tœplitz où il se trouvera sur les derrières de la grande armée. Quant à Saint-Cyr, à Marmont et à Murat, Napoléon, le lendemain matin, leur fait dire de suivre l'ennemi dans toutes les directions en se soutenant mutuellement, mais il ne juge pas nécessaire de venir diriger lui-même la poursuite; quoique remis de son indisposition, il reste à Dresde où il est retenu par les mauvaises nouvelles qu'il reçoit des autres parties du théâtre des opérations.

Le 25, à Stolpen, il avait eu le premier avis de la défaite d'Oudinot à Grossbeeren, les jours suivants de nouveaux rapports lui en avaient fait connaître l'importance. Le 29, il apprit la défaite complète de Macdonald sur la Katzbach. Dès lors toute son attention fut attirée par la nécessité de réparer ces deux défaites et il négligea de diriger avec tout le soin désirable la poursuite de l'armée battue à Dresde.

---

[1] Thiers soutient que Napoléon n'a pas été rappelé à Dresde par une indisposition qui, d'après lui, est une fable, mais par les nouvelles qu'il reçut de Macdonald. Il appuie son opinion sur l'assertion de Marmont que Napoléon n'était pas malade. Mais cette assertion n'a aucune valeur, car Marmont n'a pu voir Napoléon que le matin, et non pas à midi à Pirna. Au contraire, les témoins oculaires parlent de cette indisposition. Pelet notamment qui commandait une brigade de la jeune garde, dit que les douleurs furent tellement vives qu'on crut Napoléon empoisonné. C'est donc bien cette indisposition qui a ramené Napoléon à Dresde; mais on doit ajouter que probablement elle n'aurait pas suffi à l'y retenir s'il n'avait reçu de mauvaises nouvelles de la Katzbach.

Il convient de rapporter ici les événements qui avaient amené les défaites des maréchaux Oudinot et Macdonald.

Oudinot, conformément aux ordres qu'il avait reçus, avait débouché de l'Elbe à Wittenberg; il se trouvait le 18 à Baruth, sur la route de Torgau à Berlin avec ses trois corps, 4, 7 et 12 et la réserve de cavalerie du duc de Padoue. Les jours suivants, il s'était porté transversalement sur Luckenwalde pour rallier quelques corps attardés arrivant par Wittenberg et s'était remis en route vers le Nord en suivant la direction de Juterbock à Berlin, par Trebbin. Il ne disposait que de 65,000 hommes et avait devant lui, au sud de Berlin, l'armée de Bernadotte portée à 90,000 hommes par l'arrivée récente du corps de Tauenzien, destiné d'abord au blocus des places. Pour l'attaquer, Oudinot mit son armée en mouvement en trois colonnes : celle de gauche, comprenant le 12ᵉ corps suivit la grande route, le 7ᵉ au centre et le 4ᵉ à droite.

Le 21, le 12ᵉ corps, avec l'aide du 7ᵉ enleva Trebbin sans difficulté, tandis qu'à droite le 4ᵉ corps occupait Schultzendorf.

Le lendemain on continua en refoulant devant soi les corps Prussiens de Bulow et de Tauenzien. Enfin, le 23, Oudinot se remit en mouvement toujours en trois colonnes; le 7ᵉ corps suivit la route qui conduisait à Grossbeeren, tandis que le 12ᵉ, à gauche, devait arriver sur le même point par Arensdorf et que le 4ᵉ, à droite, marchait sur Blankenfelde. Les trois corps marchaient ainsi, séparés l'un de l'autre par des intervalles de deux lieues.

On trouva partout l'ennemi en position : à droite Tauenzien, au centre et à gauche Bulow avec les Suédois et les Russes. Cependant Reynier s'étant emparé de Grossbeeren, Bernadotte hésitait à livrer bataille, mais les Prussiens de Bulow prirent sur eux d'engager l'action. Au nombre de 30,000 ils se jetèrent sur Reynier qui n'en avait que 18,000 dont 6,000 Français. La division Durutte résista héroïquement, mais les Saxons ne tardèrent pas à lâcher pied et Durutte fut obligé de battre en retraite, ce qu'il réussit à faire en bon ordre, grâce à l'arrivée d'Oudinot avec la tête de colonne du 12ᵉ corps.

On dut cependant se retirer sur les positions du matin; quant au 4ᵉ corps, il avait attaqué Blankenfelde sans succès, et il dut battre en retraite comme les autres. On n'avait perdu que 2,000 hommes pendant l'action, mais les Allemands, Saxons et Bavarois commencèrent à déserter en nombre, et l'armée se trouva affaiblie de 10,000 hommes.

Oudinot jugea nécessaire de continuer la retraite les jours suivants et il la fit dans la direction de Wittenberg. Il avait sans doute opéré sans ensemble et prononcé des attaques décousues, mais il est probable qu'avec les troupes médiocres qu'il commandait, inférieures de 25,000 hommes à celles qu'il avait devant lui, même en s'y prenant mieux il n'aurait pas réussi.

En même temps, la division Girard était sortie de Magdebourg pour concourir au mouvement sur Berlin.

N'ayant d'abord presque personne devant elle, elle avait pu aisément atteindre Belzig, mais à la suite de la défaite de Grossbeeren dont son chef ne fut pas prévenu, elle fut assaillie le 27 par des forces supérieures et rejetée sur Magdebourg après avoir perdu un millier d'hommes.

Enfin, dans le même temps, le maréchal Davout avait quitté Hambourg avec 30,000 hommes dont 10,000 Danois. Refoulant devant lui le corps du général Walmoden qui était à peu près de même force, il était entré le 24 à Schwérin. Mais ses opérations étaient nécessairement subordonnées à celles d'Oudinot et il était tenu à beaucoup de prudence. Dès qu'il eut été avisé de l'échec de Grossbeeren, il se mit en retraite.

En somme, les opérations qui avaient Berlin pour objectif, avaient complètement échoué. On n'avait pas éprouvé de désastre, mais par suite des désertions, les forces qui y avaient concouru étaient déjà diminuées de 12,000 hommes.

La défaite de Macdonald était bien autrement grave.

On se rappelle qu'en quittant ce maréchal, le 23 août, Napoléon lui avait prescrit de rejeter Blücher sur Jauer, puis de prendre une position défensive sur le Bober en s'y fortifiant. Macdonald devait donc d'abord continuer immédiatement l'offensive des jours précédents, mais un incident, secondaire au premier aspect, l'en empêcha. Quand Napoléon avait prescrit au maréchal Ney de le suivre à Dresde, on avait cru d'abord qu'il s'agissait de son corps d'armée et le 3e corps avait été mis en mouvement dans la direction de Dresde. Macdonald ne disposant plus que de deux corps avait dû ajourner son offensive et attendre le retour du troisième. On resta donc inactif le 24 et le 25. Blücher en profita pour ranimer ses troupes et, se doutant du départ de Napoléon, il se prépara à reprendre l'offensive.

Aussi, quand Macdonald se trouva prêt le 26 à se porter lui-même en avant, Blücher avait déjà pris ses mesures pour aller à sa rencontre. On avait donc laissé passer la bonne occasion, car quoique l'armée de Silésie fût encore forte d'environ 80,000 hommes et que Macdonald, par suite du départ du corps de Marmont, n'en eût plus que 70,000, les succès des jours précédents avaient donné aux troupes françaises une telle supériorité morale, que si l'attaque eût eu lieu le 24, l'armée prusso-russe déjà fortement bousculée, aurait été certainement battue; même le 26, une supériorité de 10,000 hommes n'était pas suffisante pour empêcher les corps français au moins de tenir tête à l'armée adverse, si le général qui les commandait avait pris de bonnes dispositions. Malheureusement il était difficile d'en imaginer de plus défectueuses que celles auxquelles s'arrêta le maréchal Macdonald.

Il avait à gauche, à Liegnitz, le 3ᵉ corps (Souham) avec la cavalerie de Sébastiani, au centre, à Goldberg, le 11ᵉ corps dont Gérard avait pris le commandement, depuis que lui-même était à la tête de l'armée, et, à droite, le 5ᵉ. Macdonald imagina de diriger ces deux derniers corps sur Jauer, mais en les diminuant chacun d'une division. C'était, pour le 5ᵉ corps, la division Puthod, et, pour le 11ᵉ, la division Ledru, qui furent chargées de s'emparer d'Hirschberg, position éloignée de deux lieues sur la droite, vers le haut Bober et où l'ennemi était encore établi.

Lauriston et Gérard devaient ainsi marcher sur Jauer, réduits chacun à deux divisions, ce qui ne leur laissait ensemble que 25,000 hommes. Quant à Souham il devait, avec le 3ᵉ corps, prendre aussi Jauer pour objectif, mais en s'y portant par une route éloignée de celle que suivirent les deux autres corps et séparé de cette dernière par le ravin profond de la Wutten-Neisse et de manière à déborder la droite de la position que Lauriston et Gérard allaient attaquer de front. L'armée française allait donc s'avancer en deux fractions désunies et être amenée forcément à des attaques décousues; toutefois, afin d'établir quelque liaison entre les deux attaques principales, Macdonald assigna à Sébastiani une route intermédiaire suivant d'abord la Wutten-Neisse par la rive droite. Malgré le mauvais temps qui avait duré toute la nuit et rendu les chemins très difficiles, on se mit en marche le matin du 26 pour exécuter les ordres du maréchal ; mais Souham ayant trouvé la Katzbach débordée à Liegnitz, avait pris un passage à droite et était venu ainsi s'engager sur la même route que Sébastiani.

Pendant ce temps, Blücher qui avait le gros de ses forces à Jauer, avait fait observer par sa cavalerie les mouvements de l'armée française.

Ayant reconnu que celle-ci s'avançait en deux masses séparées par un ravin profond, il ne laissa que le corps Langeron à gauche, en avant de Jauer et porta les deux corps de York au centre et de Sacken à droite, au devant des forces qui menaçaient de le déborder par la rive droite de la Wutten-Neisse et à travers le plateau de Janowitz. Au moment où la tête de la colonne de York débouchait sur ce plateau, elle se trouva en présence de la division Charpentier, du corps de Gérard, qui, étant arrivée la première sur le ravin, l'avait traversé, de manière à faciliter le déploiement de Sébastiani et de Souham. Aussitôt Blücher fit attaquer cette division par une nombreuse cavalerie soutenue par une artillerie puissante. Sébastiani débouchant dans le moment, chargea avec vigueur, mais fut obligé de céder devant des forces supérieures, et la division Charpentier, attaquée par 20,000 fantassins, fut jetée dans le ravin où elle se trouva pêle-mêle avec la cavalerie de Sébastiani et la tête de colonne de Souham.

Toute la gauche de l'armée française fut obligée de se retirer en désordre jusque sur la Katzbach et la droite, qui était déjà tout près de Jauer, après avoir refoulé Langeron, dut se conformer à ce mouvement rétrograde.

La bataille était perdue et, par suite du mauvais temps la retraite allait devenir désastreuse.

Cependant la Katzbach débordée rendait également difficile les mouvements de Blücher et, à notre gauche, Souham et Sébastiani réunis purent assez facilement gagner, le 27, le Bober à Bunzlau ; Lauriston et Gérard comptaient le traverser à Lœvenberg, mais en en approchant, le 28, ils furent arrêtés par une inondation de trois quarts de lieue, et obligés de se rendre, eux aussi, sur Bunzlau par la rive droite du Bober. Ils y arrivèrent cependant sans encombre et purent passer sur la rive gauche ; mais le maréchal Macdonald éprouvait de vives inquiétudes pour les deux divisions qu'il avait envoyées sur Hirschberg et, surtout pour la division Puthod, du 5e corps, qui avait dû cheminer par la rive droite. Ces inquiétudes n'étaient que trop justifiées, car Puthod ayant tardé à passer sur la rive gauche fut arrêté par d'immenses masses d'eau; il essaya de descendre sur Lœvenberg par la rive droite, mais il fut assailli par les troupes de Blücher et, après une défense énergique, vit sa division prise ou détruite. Macdonald souffrit d'autant plus cruellement de cette défaite qu'il sentait bien que tous les malheurs qui venaient d'arriver à son armée n'étaient imputables qu'à lui seul.

La conséquence des mauvaises dispositions qu'il avait prises fut que son armée se trouva réunie à Bunzlau, affaiblie de 20,000 hommes et réduite à 50,000 soldats démoralisés.

Voilà ce que Napoléon apprit à Dresde le 29 et, cette défaite grave s'ajoutant à celle de Grossbeeren, eut pour conséquence de l'amener à chercher les moyens de les réparer, en éloignant son esprit de la poursuite de l'armée de Bohême qu'il avait battue à Dresde.

Il se contenta de prescrire à Murat, à Marmont et à Saint-Cyr, de suivre l'ennemi dans toutes les directions, laissant Vandamme en marche sur Tœplitz sans nouvelles instructions. Il est manifeste d'ailleurs, que Napoléon n'avait aucune inquiétude au sujet de ce général qui lui avait écrit que l'épouvante était dans toute l'armée russe. Aussi, disposant de toute la garde à Pirna, non seulement il ne s'en servit pas pour l'appuyer, mais il en rappela deux divisions sur Dresde, n'en laissant que deux autres pour le secourir éventuellement. Murat, Marmont et Saint-Cyr ont bien pour instructions d'être toujours en mesure de se soutenir, mais Saint-Cyr, pas plus que Mortier, n'a l'ordre d'appuyer Vandamme. Napoléon est convaincu que ce dernier n'aura qu'à recueillir des fuyards.

Il savait bien cependant que l'armée de Bohême n'était pas en déroute, puisque le soir même de la bataille, il doutait de la victoire. Il eût donc été rationnel de rester à l'armée pour achever l'adversaire que l'on avait devant soi.

En se détournant de cette tâche importante Napoléon allait perdre tout le fruit de la victoire de Dresde.

Cependant, dans la journée du 29, nos corps mis à la suite de l'armée de Bohême firent de nouveaux progrès, enlevant encore des blessés, des traînards et des voitures. Marmont entré la veille à Dippodiswalde, suivit la principale colonne sur Altenberg; Saint-Cyr, dès le matin, entra à Maxen et se dirigea à la suite de Kleist sur Reinhards-Grimme. Là, rencontrant Marmont avec qui il devait se lier, il s'arrête et demande des ordres qu'il ne pouvait recevoir que le lendemain.

Pendant ce temps, Vandamme continuait son chemin en poussant les Russes l'épée dans les reins. Entre Hollendorf et Peterswalde il leur enleva 2,000 hommes et atteignit Kuhlm à leur suite vers midi. Mais au delà, il lui sembla que les forces qu'il avait devant lui étaient disposées à tenir et, comme il n'avait sous la main que son avant-garde, il attendit pour reprendre sa marche l'arrivée de son corps d'armée.

Son appréciation était juste. Ostermann et le prince Eugène de Wurtemberg avaient reçu l'ordre d'arrêter leur retraite et de tenir bon en attendant les renforts qui allaient promptement leur arriver.

Et, en effet, les souverains, atterrés le soir du 27, s'étaient repris au bout de 24 heures, constatant qu'après tout ils disposaient encore de forces nombreuses et que, sur un terrain facile à défendre, ils avaient encore le moyen de résister à Napoléon. Mais, connaissant le mouvement de Vandamme, sans savoir cependant au juste de quelles forces ce général disposait; ils comprirent que la première condition à remplir pour se remettre bien en ordre, était de l'empêcher d'arriver à Tœplitz où aboutit la route que suivait la principale colonne de l'armée par Dippodiswalde et Altenberg. C'est pour atteindre ce but qu'Alexandre, guidé d'ailleurs par Jomini, prescrivit à Ostermann et au prince de Wurtemberg de prendre position vis-à-vis de Kuhlm, et aux premières troupes qui commençaient à déboucher des montagnes, de tourner de suite à gauche pour les soutenir.

C'était d'abord une partie des Russes de Barclay de Tolly, puis le corps autrichien de Colloredo. Barclay de Tolly fut chargé de diriger la résistance. Cependant Vandamme, dès qu'il avait eu une division sous la main, avait repris l'offensive. Débouchant de Kuhlm, il avait chassé les Russes du village de Straden, mais il avait échoué en voulant emporter Priesten.

Le soir arrivant, il se contenta d'établir tout son corps d'armée autour de Kuhlm.

Il disposait en somme de 40,000 hommes avec 80 bouches à feu, en comptant la division Mouton-Duvernet, du 14° corps, qui lui était adjointe. Il rendit compte de sa situation à Napoléon, lui demandant des secours qui lui étaient nécessaires pour continuer son mouvement, mais ne doutant pas que s'il était attaqué, il résisterait victorieusement à tous les assauts de ses adversaires. Vu la distance, quelle que dût-être la décision de l'Empereur, elle ne pouvait être exécutée le lendemain. Vandamme ne pouvait donc être appuyé le 30 qu'à la condition que les corps qui étaient les plus voisins du sien prissent sur eux d'intervenir; mais il était à peu près certain qu'ils ne le feraient pas, aucun d'eux n'ayant reçu d'instructions dans ce sens.

Du côté des Alliés on se prépara à la résistance, en renforçant encore les forces opposées à Vandamme de tout ce qui débouchait par la route d'Altenberg, tout en laissant une forte arrièregarde vis-à-vis de Marmont. Toutefois on n'était pas sans inquiétude au sujet du corps de Kleist qui, par suite du mouvement transversal que Barclay de Tolly avait exécuté dès le 28, n'avait pu arriver à temps pour s'engager sur la route d'Altenberg que Marmont occupait et qui, d'ailleurs, était talonné par Saint-Cyr sur la route de Furstenwalde.

On le prévint de la position de Vandamme, en lui promettant de tenir bon vis-à-vis de Kuhlm, et en l'invitant à venir se relier par tous les chemins à sa disposition aux corps qui, en l'attendant, allaient combattre avec la dernière énergie.

Cependant Vandamme, qui le matin du 30 s'était bien rendu compte de son infériorité numérique, était résolu à se maintenir sur la défensive; pour la même raison les Alliés n'hésitèrent pas à l'attaquer. Dès huit heures l'action s'engagea sur tout le front, les Alliés cherchant surtout à déborder notre gauche. Malgré leur supériorité, ils n'avaient encore fait que des progrès insignifiants lorsque vers 10 heures, Vandamme vit apparaître sur ses derrières, du côté de Peterswalde, des troupes nombreuses. Il crut d'abord que c'était Mortier avec la jeune garde, mais bientôt il reconnut l'uniforme prussien. C'était Kleist qui, après avoir reçu les instructions du roi de Prusse, ayant à choisir pour continuer sa retraite entre les mauvais chemins du Geyersberg qui devaient le relier bientôt au gros de l'armée de Bohême et un bon chemin qui aboutissait à la grande route de Peterswalde sur les derrières de Vandamme, ayant d'ailleurs reconnu que cette route était complètement libre de Français, avait pris résolument le parti de l'employer. Après avoir laissé reposer ses troupes la nuit, il s'était mis en marche à la pointe du jour et venait ainsi apparaître sur le champ de bataille vers 10 heures.

La situation était critique pour Vandamme; toutefois ce général prit son parti sans hésiter. Ne laissant vis-à-vis des forces qu'il combattait depuis le matin qu'une arrière-garde solide avec une nombreuse artillerie, il fit ses dispositions pour attaquer les Prussiens avec le gros de son corps d'armée. Un instant, ayant renversé la première ligne de Kleist, il espère s'ouvrir un passage, mais bientôt notre cavalerie refoulée vient mettre le désordre dans nos divisions qui quittent le champ de bataille en essayant de gagner les bois au nord de Kuhlm. Ainsi ce mouvement qui devait compléter la victoire de Dresde, avait abouti à un désastre. Les généraux Vandamme et Haxo pris, 5,000 à 6,000 tués ou blessés, 7,000 prisonniers, 48 bouches à feu perdues : tels furent les résultats de cette malheureuse journée.

Si l'on ajoute à ces pertes celles des autres corps qui avaient opéré depuis plusieurs jours contre l'armée de Bohême, on trouvera que sur cette partie du théâtre des opérations, nos forces s'étaient affaiblies d'environ 25,000 hommes.

Oudinot, Girard et Macdonald en avaient perdu ensemble près de 35,000, de sorte qu'au bout de quinze jours de campagne nous avions déjà 60,000 hommes de moins qu'à la reprise des hostilités.

Quoique les Alliés eussent perdu près de 30,000 hommes dans les deux journées de Dresde, leurs pertes totales ne s'élevaient pas à un pareil chiffre.

La différence des effectifs, qui à la reprise des hostilités était déjà de plus de 100,000 hommes, s'était donc accrue par les combats livrés sur tous les points du théâtre des opérations, du 15 au 30 août, sans compter que pour réparer leurs pertes nos ennemis avaient des ressources que Napoléon ne possédait pas. Et pour compenser les avantages que les Coalisés pouvaient tirer de leur supériorité numérique, l'armée française n'avait pris aucun ascendant sur ses adversaires, car la défaite de Kuhlm, venant s'ajouter à celles de Grossbeeren et de la Katzbach, faisait disparaître l'effet moral qu'avait produit la victoire de Dresde.

On peut donc dire qu'après quinze jours de campagne, la situation de Napoléon, sans être tout à fait mauvaise, était cependant moins bonne qu'à l'ouverture des hostilités.

Il importe maintenant, après avoir exposé les faits, d'y revenir pour les analyser, en essayant de relier les causes aux effets, et de tirer de cette étude les enseignements qu'elle comporte.

## 2° *Observations critiques.*

Après avoir arrêté, quelques jours avant la fin de l'armistice, ses vues générales sur la manière de conduire la campagne qui allait s'ouvrir, Napoléon avait, le 13 août, rédigé ses instructions et, en communiquant ses idées aux maréchaux Ney, Macdonald, Gouvion-Saint-Cyr et Marmont, il leur disait :

« Voici le parti que j'ai pris. Si vous avez quelques observations à me faire, je vous prie de me les faire librement. »

Ces instructions faisaient connaître les dispositions de Napoléon que nous avons exposées à la fin du chapitre précédent. Après en avoir pris connaissance, Ney et Macdonald répondirent qu'ils ne pouvaient qu'approuver les dispositions de l'Empereur, et qu'ils s'en fiaient à la supériorité de son génie pour être convaincus que la nouvelle campagne qu'ils allaient entreprendre serait pour eux une nouvelle source de lauriers. Mais il n'en fut pas de même des deux autres maréchaux.

Gouvion-Saint-Cyr était un des premiers hommes de guerre d'une époque qui en a produit plus qu'aucune autre.

Dès les premières années des guerres de la Révolution on avait pu apprécier son coup d'œil, son sang-froid et son savoir-faire sur le terrain.

Il devint rapidement un tacticien hors ligne.

En 1795, par ses habiles dispositions, il avait sauvé l'armée devant Mayence; l'année suivante, à l'armée de Moreau, il décidait la victoire d'Ettlingen et pendant la retraite jouait le rôle principal à la bataille de Biberach.

En 1799, malgré le triste état de l'armée d'Italie battue à Novi et à Genola, il avait su protéger Gênes contre des forces très supérieures, en attendant l'arrivée de Masséna, et en 1800, se retrouvant à l'armée de Moreau, en Allemagne, il avait de nouveau obtenu un brillant succès à Biberach.

Au moment de l'avènement de l'empire, après Kellerman pour Valmy, après Jourdan pour Wattignies, Fleurus et toute la campagne de 1794, après Masséna pour Rivoli, Zurich et Gênes, nul n'avait autant de titres à la reconnaissance du pays et aux récompenses que le nouveau chef de la France distribuait avec tant de libéralité; cependant Saint-Cyr ne fut pas compris dans la première promotion des maréchaux, celle dont Masséna disait avec un ton quelque peu dédaigneux : « Nous sommes quatorze »; c'est que Saint-Cyr, avec des talents militaires de premier ordre, n'était rien moins que courtisan.

Il avait été des premiers à courir à la frontière menacée, mais il pensait que l'armée était faite pour défendre la Patrie et non pas pour opprimer les autres nations. Il avait les vertus simples et fortes de ces armées de Rhin-et-Moselle et de Sambre-et-Meuse qui, après avoir refoulé l'invasion, nous avaient conquis nos frontières naturelles.

Sans se poser en adversaire du nouveau régime, il avait vu le 18 brumaire et l'avènement de l'empire sans enthousiasme.

Comme il était devenu général de division presque malgré lui, il n'encombrait pas les antichambres du nouveau souverain, à la recherche d'honneurs et de récompenses qui avaient pour lui peu d'attraits. Des mobiles d'une autre nature l'animaient, c'était simplement l'amour de la patrie et l'amour de l'art, deux passions également nobles qui, chez les natures élevées et fières, suffisent à mettre en jeu tous les ressorts de la sensibilité, de la volonté et de l'intelligence. Sa valeur militaire n'était pas faite d'une bravoure bouillante et instinctive, mais surtout d'un courage froid et réfléchi.

En un mot, ce n'était pas seulement un soldat, mais surtout un chef possédant à un haut degré toutes les qualités du commandement. Très pénétré d'ailleurs de son mérite, il était de ceux qui n'ont pas besoin de maître, et comme celui que la France avait acclamé ne cherchait que des serviteurs, il fut laissé de côté dans des situations secondaires. Cependant Napoléon savait apprécier ses talents et combien il était au-dessus de la plupart de ceux à qui il avait donné le bâton de maréchal.

Saint-Cyr aurait fait honneur à leur réunion, mais il n'avait pas besoin de cette dignité pour être un des premiers capitaines de l'Europe. Mis à la tête de l'armée de Catalogne, à l'automne de 1808, il y conduisit pendant un an une campagne qui est un chef-d'œuvre achevé de vigueur, de prudence et de savoir, et cependant ce fut l'occasion de sa disgrâce. Ayant su dire qu'on lui assignait une tâche impossible et qu'il n'essayerait pas de la remplir, il encourut le ressentiment de Napoléon qui, en lui enlevant son commandement, écrivit au ministre de la guerre une lettre fâcheuse, non pas pour la mémoire de Saint-Cyr, mais pour celle de qui l'a dictée; car elle montre que parfois l'Empereur traitait les questions militaires les plus délicates avec une légèreté que la malveillance explique, mais qu'elle n'excuse pas.

Saint-Cyr, qui ne méritait que des éloges, fut puni et laissé à l'écart pendant deux ans, jusqu'à ce que, comme il le dit lui-même, « les embarras du Nord aient rendu nécessaire tous les hommes que l'on savait être prêts, lorsque la patrie pouvait avoir besoin de leurs services ».

Mis à la tête du corps bavarois, il entra en Russie avec la Grande Armée et s'y distingua aux deux batailles de Polotsk dont la première, forçant enfin les répugnances de l'Empereur, lui valut le bâton de maréchal. Blessé au second de ces combats, il dut quitter l'armée; mais après la retraite de Russie, quoique mal rétabli, il fut le premier à venir se mettre à la disposition du prince Eugène à Posen, tandis que la plupart de ses camarades revenaient à Paris à la suite de Napoléon.

On pense qu'un tel homme, en encourant l'antipathie de l'Empereur, avait dû susciter les jalousies de ses pairs et provoquer les sarcasmes de cette foule d'intrigants qui obtiennent les faveurs des puissants par la bassesse et la flatterie.

Son tort à leurs yeux était de ne pas adorer le dieu du jour et d'avoir compris que sa politique extravagante ne pouvait conduire finalement qu'à une catastrophe. Convié à un festin somptueux, il avait conservé son sang-froid lorsque les autres étaient en pleine griserie, et c'est ce que beaucoup d'entre eux ne pouvaient lui pardonner. Aussi, ne pouvant contester ses talents, quelques-uns ont voulu s'en prendre à son caractère. On l'a accusé de laisser volontiers ses camarades dans l'embarras, de n'intervenir que pour recueillir lui-même l'honneur de la victoire.

Lorsque l'on suit de près sa glorieuse carrière, on voit que le défaut de zèle ou d'empressement qu'on lui reproche a presque toujours pour cause des ordres mal donnés par ses chefs.

Il faut reconnaître cependant que Saint-Cyr ne donnait toute sa mesure que quand il était seul et qu'il était fait plutôt pour commander que pour obéir.

Mis en 1813 à la tête du 14<sup>e</sup> corps, il allait pour la première fois opérer sous les ordres directs de Napoléon et souvent même sous ses yeux. On pense qu'avec la tournure de son esprit, il devait regarder non seulement comme un droit, mais même comme un devoir, de profiter de la liberté que l'Empereur lui donnait pour lui faire connaître toute sa pensée. Il n'eut d'ailleurs pas à répondre aux instructions écrites qui lui furent transmises par le major général; car il avait eu la veille une longue conversation avec Napoléon et il lui avait fait connaître en toute liberté ses idées sur la conduite à tenir pendant la nouvelle campagne, et elles n'étaient pas précisément conformes à celles de l'Empereur.

D'abord il avait émis l'avis que si les Autrichiens débouchaient de la Bohême, ce serait par la rive gauche de l'Elbe, de manière à menacer les communications de l'armée française avec le Rhin, tandis que Napoléon s'attendait à une attaque par Zittau qui aurait eu pour but d'empêcher sa marche en Silésie. ,

Ensuite Saint-Cyr soutenait qu'il était mauvais, en général, de prendre l'offensive sur plusieurs points éloignés les uns des autres, et, spécialement pour la circonstance, que Napoléon, voulant être prêt à livrer une bataille en Silésie ou aux frontières de Bohême, avait tort de pousser une de ses armées sur Berlin, et il prétendait qu'il eût été bien préférable de rester sur la défensive sur toute la ligne de l'Elbe, de manière à prendre l'offensive seulement en Bohême avec la masse principale de l'armée française. Ce n'est pas qu'il contestât les avantages de l'occupation de Berlin par les troupes françaises, mais il était d'avis que la capitale de la Prusse ne devait pas être de prime abord l'objectif des opérations d'une armée et que sa reprise serait la conséquence naturelle d'une bataille décisive gagnée n'importe où. Ayant écouté ces observations avec la plus grande attention, Napoléon ne crut pas devoir y répondre par une discussion en règle; mais, ayant fait ses dispositions dans un autre but, il se contenta de dire qu'il était trop tard pour les modifier.

Quant à Marmont, il avait lui aussi bien des objections à présenter au plan de l'Empereur.

Le duc de Raguse n'avait ni les talents ni le glorieux passé de Saint-Cyr. En regard d'une campagne de Catalogne, son passage en Espagne n'avait été signalé que par la défaite des Arapiles. Cependant Marmont avait une réelle intelligence des grandes opérations militaires. Ayant vécu depuis sa jeunesse dans le commerce de Napoléon, il avait bien saisi l'esprit de son système de guerre, et, quoiqu'il ait commis bien des fautes avant et après 1813, je serais assez disposé à penser que les circonstances ne lui ont pas permis de donner toute sa mesure. En tous cas, il est certain que les observations qu'il crut devoir présenter à Napoléon en réponse à ses instructions étaient remplies de vues judicieuses, et même sur certains points véritablement prophétiques.

D'abord, comme Saint-Cyr, il désapprouve l'offensive sur Berlin, affirmant très nettement, comme son collègue, que le sort de la campagne n'est pas de ce côté et que la réoccupation de la capitale de la Prusse, à coup sûr très désirable, doit être la conséquence de ce qui se passera ailleurs, et, par suite, il estime qu'il est dangereux de distraire pour une opération secondaire des forces qui manqueront sur le théâtre principal de la lutte. D'après Marmont, il n'y a que deux bons partis à prendre : ou bien réunir le gros des forces françaises autour de Dresde en se tenant prêt à se jeter sur le premier qui se présentera, ou bien, comme Saint-Cyr le proposait de son côté, prendre de suite une énergique offensive en Bohême, en restant sur la défensive partout ailleurs.

Dans les deux cas, aucun événement important n'aura lieu sans la présence de Napoléon, et pour Marmont c'est là une condition essentielle du succès de la campagne. Aussi ce qu'il blâme surtout dans les dispositions de l'Empereur, c'est la division des forces françaises en plusieurs armées à peu près indépendantes avec des chefs incapables de les commander, et c'est cette considération qui l'amène à terminer sa réponse à l'Empereur par la phrase suivante :

« Par la division de ses forces, par la création de trois armées distinctes et séparées par de grandes distances, Votre Majesté renonce aux avantages que sa présence sur le champ de bataille lui assure, et je crains bien que le jour où elle aura remporté une victoire et cru gagner une bataille décisive, elle n'apprenne qu'elle en a perdu deux ».

Il était difficile d'avoir une vue plus exacte de ce qui allait se passer, car c'était entrevoir par avance Grossbeeren et la Katzbach contre-balançant la victoire de Dresde.

Cependant, il ne faudrait pas en conclure que les dispositions de Napoléon aient été réellement mauvaises, et, tout en reconnaissant que les vues de ses contradicteurs méritaient sur bien des points d'être prises en considération, nous sommes d'avis que dans l'ensemble les projets de l'Empereur étaient parfaitement en rapport avec la situation, et que, s'ils ont échoué, cela tient surtout à des fautes d'exécution.

Il est un point toutefois sur lequel il nous semble hors de doute que Saint-Cyr et Marmont avaient raison contre lui, c'est au sujet de l'offensive sur Berlin. Rien n'était plus juste que de prétendre qu'il est dangereux de prendre l'offensive sur plusieurs points à la fois, et il est même étrange qu'on ait été obligé de le rappeler à Napoléon, car ce principe est un de ceux qui ont dirigé ses plus brillantes campagnes. Comme il voulait chercher une bataille décisive aux frontières de Bohême, c'était donc une faute que de pousser en même temps une armée vers le Nord; aussi Saint-Cyr et Marmont avaient raison de soutenir que la réoccupation de Berlin ne devait être que la conséquence d'une bataille décisive gagnée ailleurs.

Ce point acquis, il est certain que la défensive sur tout le cours de l'Elbe et l'offensive en Bohême que recommandaient les deux maréchaux, présentaient un système d'opérations qui pouvait amener de grands succès; mais ce système ne présentait pas que des avantages.

Par-dessus tout, il éloignait Napoléon de la région où il avait toutes ses ressources. C'était, en effet, dans les places de l'Elbe, de Dresde à Hambourg, qu'il avait, depuis deux mois, accumulé ses vivres et ses munitions. Or ce n'était pas avec 20,000 hommes qu'il s'agissait de pénétrer en Bohême, mais avec plus de 200,000, et l'on aurait eu certainement de grandes difficultés à vaincre pour assurer à une armée aussi nombreuse les moyens de vivre et de combattre. On lui faisait suivre une ligne d'opérations dirigée dans le prolongement de sa vraie base qui était l'Elbe, et c'est une situation dont Napoléon, avec son grand sens stratégique, ne pouvait manquer d'apprécier les défectuosités, sans compter que cette base pouvait être rompue et envahie par les armées ennemies venant du Nord ou de la Silésie.

Je sais qu'il y a actuellement toute une école qui nie la valeur des bases d'opération. Un auteur a tout récemment soutenu cette thèse dans le *Journal des Sciences militaires*, l'appuyant de cette observation que nulle part dans les écrits de Napoléon on ne trouve l'expression de « base d'opération ».

Mais c'est là, à mon avis, une considération de peu de valeur, car qu'importe que le mot n'y soit pas, si l'idée se trouve partout. Or n'est-il pas évident que l'idée de ligne de communication est inséparable de celle de base d'opération, car avec quoi s'agit-il de communiquer si ce n'est avec cette base. On sait d'autre part l'importance que Napoléon attachait aux communications; dans la plupart des ses campagnes, il cherche à s'emparer de celles de l'ennemi tout en protégeant les siennes. S'il n'a pas prononcé ni écrit le mot de « base d'opération », on doit donc néanmoins reconnaître qu'il considérait les éléments de la stratégie, auxquels nous donnons cette dénomination, comme une réalité dont il est nécessaire de tenir compte dans la préparation et dans l'exécution des opérations. En ce qui concerne spécialement la campagne de 1813, on ne peut contester que Napoléon ait organisé sur l'Elbe une base d'opération provisoire, c'est-à-dire une série de positions dans lesquelles il avait réuni les vivres et les munitions nécessaires aux opérations de ses armées.

Or il comprenait bien qu'il importait de rester en liaison avec cette base, et, qu'en se portant en Bohême, il risquait d'en être séparé au moins momentanément. Pour entreprendre une pareille opération, il aurait donc fallu être en mesure d'exécuter un grand changement de ligne de communication que Napoléon n'avait nullement préparé. On conçoit donc bien que l'Empereur ait rejeté les propositions de Saint-Cyr et de Marmont, d'autant plus qu'en admettant que leurs projets fussent réellement praticables, il s'en fallait que les siens fussent dépourvus d'avantages. Nous dirons même qu'à part l'idée de l'offensive sur Berlin, il était impossible d'en imaginer de plus profondément raisonnés.

Le rôle de corps d'observation assigné à des fractions importantes de ses forces vis-à-vis de la Bohême et de la Silésie avec une masse centrale prête à se jeter alternativement sur les masses séparées de la Coalition était bien ce qui convenait le mieux à la situation; c'était en somme la pratique sur une plus grande échelle du système des lignes intérieures qui lui avait valu de si beaux succès sur l'Adige en 1796, c'est-à-dire de ce système d'opération dans lequel toutes les forces sont disposées de manière à se relier entre elles par les voies de communication les plus courtes, de façon à pouvoir se soutenir mutuellement et à être renforcées à tour de rôle par une réserve placée d'abord au centre de l'échiquier. Dans ces conditions, on peut espérer combattre successivement avec avantage les diverses fractions d'une armée supérieure, mais qui, en se divisant, permet à son adversaire de rétablir, grâce à la rapidité des mouvements, chaque jour de bataille, la supériorité qui manque dans l'ensemble.

Le même auteur, qui soutient que l'idée de base d'opération est une donnée fausse, née de spéculations à vide, ne veut pas non plus entendre parler de lignes intérieures, toujours sous le même prétexte que Napoléon n'a jamais employé cette expression. Mais ici encore et bien plus que dans l'autre circonstance, c'est bien le cas de dire que si le mot n'y est pas, l'idée est partout; car le principe des lignes intérieures, tel que nous l'entendons, qui n'est au fond autre chose que la nécessité d'assurer la liaison la plus rapide de toutes les forces agissantes sur les divers points d'un théâtre d'opération étendu, est, sans conteste, le principe fondamental de la stratégie de Napoléon[1], et c'est celui, notamment, qu'il voulait appliquer en 1813.

Or, au contraire, les armées de la Coalition étaient disposées de façon à ne pouvoir se soutenir mutuellement, elles ne pouvaient combiner leurs opérations qu'à distance, et Napoléon, qui s'en était bien rendu compte, se proposait de profiter de leur séparation pour les battre successivement.

---

[1] C'est la base de toute sa stratégie offensive ou défensive, celle de 1796 et de 1814, aussi bien que celle de 1800, 1805 et 1806, et c'est aussi la base de toutes ses critiques.

Les lignes intérieures sont donc bien une réalité, mais il faut y voir surtout une question de communications, et non pas des lignes d'opérations. Il nous est d'ailleurs encore impossible d'admettre les définitions que le même auteur donne des lignes d'opérations. En disant qu'elles doivent s'entendre de l'arrière et non de l'avant, il les confond avec les lignes de communications.

Il est vrai que Napoléon a souvent employé l'expression dans ce sens, mais dans bien des cas il distingue ces éléments de la stratégie.

D'autre part, s'il est vrai que, dans le fait, Saint-Cyr eût raison contre lui en soutenant que les Autrichiens attaqueraient par la rive gauche de l'Elbe et non par la rive droite, il n'est pas moins certain que Napoléon avait cent fois raison d'envisager surtout l'attaque par Zittau, parce que c'était la seule dangereuse.

En effet, celle-là seule pouvait avoir pour résultat de couper les forces françaises qui opéraient en Silésie, de l'Elbe où se trouvait sinon la base fondamentale de l'ensemble de nos forces, du moins une base provisoire effective avec laquelle il était essentiel de rester en communication. Or, si l'ennemi débouchait de Zittau sur Gœrlitz ou Bautzen, ces communications pouvaient être rompues. Ces considérations ne pouvaient pas échapper au génie essentiellement stratégique de Napoléon; je veux dire par là qu'il était pénétré au plus haut degré des relations qui doivent exister entre les éléments de la stratégie qui sont en jeu dans la conduite des opérations militaires. Il avait donc raison d'envisager les conséquences d'un pareil mouvement des Autrichiens, et de prendre ses mesures pour y parer; aussi en partant pour la Silésie, afin de soutenir ses corps attaqués par Blücher, il comptait bien, après avoir refoulé ce dernier, revenir sur les Autrichiens s'ils débouchaient par Zittau, et les accabler par une réunion de forces considérables. Quant à l'attaque par la rive gauche de l'Elbe, que Saint-Cyr lui montrait comme probable, et qui en effet s'est réalisée, il l'appréciait comme elle le méritait en disant que si elle se prononçait, c'était le cas de souhaiter bon voyage à l'armée de Bohême, car un pareil mouvement ne pouvait en rien troubler ses opérations. Il avait tout le temps en effet, dans une pareille hypothèse, de bien battre Blücher et de revenir ensuite par Dresde sur l'ennemi qui se serait avancé dans la direction de Leipzig. Ayant réuni sur l'Elbe les moyens de vivre et de combattre pendant un certain temps, c'étaient ses adversaires et non pas lui qui verraient leurs communications menacées; car, comme il le disait, ce n'était pas du Rhin qu'il craignait d'être coupé, mais de l'Elbe [1].

---

[1] Les situations militaires à de longs intervalles peuvent présenter, malgré la différence des temps et des lieux, bien des analogies, et l'on peut profiter des exemples du passé pour arrêter ses dispositions.

Je suppose, par exemple, que dans une guerre de la France contre l'Alle-

Tout cela était profondément juste et puissamment raisonné, et si les projets de l'Empereur ont finalement échoué, il faut en chercher la cause non pas dans les principes du système de guerre qu'il avait adopté, mais dans une série de fautes d'exécution. Pour en être convaincu, il suffit d'examiner de près les causes réelles de sa défaite.

D'abord tout se passe pour le mieux ; Napoléon, se portant au défilé de Zittau pour se rendre compte des projets des Autrichiens, ne les trouve pas en force de ce côté et, au contraire, apprenant l'irruption de Blücher, il se dirige vers la Silésie avec des renforts. C'était sans contredit le seul parti raisonnable à prendre. Blücher est abordé vigoureusement et refoulé ; mais pendant que Napoléon le suit, il apprend que les Autrichiens débouchent de la Bohême par la rive gauche de l'Elbe. Il ramène le gros de ses forces dans la direction de Dresde ; il est certain encore qu'on ne pouvait rien faire de mieux comme conception générale.

Cependant déjà on peut lui reprocher d'avoir abandonné Blücher trop vite. Tout en acheminant une partie de ses forces sur Dresde, rien ne l'empêchait de rester de sa personne 24 heures de plus sur la Katzbach, ou au moins jusqu'au 23 au soir. Alors on aurait évité le malentendu relatif au 3ᵉ corps qui a retardé la continuation de l'offensive, et, au lieu de permettre à Blücher de se remettre, on aurait achevé la défaite de son armée déjà fortement ébranlée. Rien n'empêchait d'ailleurs l'Empereur de retarder son départ, car comme il voyageait beaucoup plus vite que

---

magne, nos ennemis veuillent porter leur masse principale de la Moselle sur la Meuse par la Woëvre, c'est-à-dire en débouchant de Metz et de Thionville pour aborder la Meuse au nord ou au sud de Verdun. On pourrait se proposer pour riposter à cette attaque de déboucher de la Meurthe sur la Seille, sous le prétexte de couper le gros des forces allemandes des Vosges et du Rhin. Or je pense que ce serait une opération fausse comme celle que voulait exécuter l'armée de Bohême en marchant dès le début sur Leipzig.

Les Allemands pourraient dire, comme Napoléon en 1813, que ce n'est pas du Rhin, mais de la Moselle, qu'ils ont peur d'être coupés. La vraie riposte à l'offensive que je suppose serait de déboucher de Toul et Commercy sur la Woëvre dans le but de couper les Allemands de Metz. Voilà la manœuvre vraiment menaçante pour eux, et non pas celle partant de Nancy et de Lunéville ; tandis en effet qu'une partie de leurs forces se retirerait sur la Sarre en défendant le terrain pied à pied, le gros, revenant par Metz et Thionville, attaquerait notre flanc gauche, et ce seraient les Français et non pas leurs adversaires qui risqueraient de perdre leurs communications.

ses troupes, il avait toujours le temps d'arriver à Dresde avant elles; la preuve en est dans le fait qu'il s'est arrêté un jour à Gœrlitz et un jour à Stolpen.

Quant aux dispositions prises contre l'armée de Bohême, l'idée de déboucher par Kœnigstein était assurément la meilleure; mais comme l'opération reposait avant tout sur la résistance de Dresde, il semble qu'il convenait tout d'abord de porter sur ce point les renforts les plus rapprochés, pour en assurer le succès, et que la concentration du gros de l'armée sur Kœnigstein ne devait venir qu'ensuite. La première chose à faire était donc de diriger Vandamme sur Dresde, et c'est bien ce qu'a commencé par prescrire Napoléon; mais ensuite il lui ordonne d'aller sur Kœnigstein, alors qu'aucune autre force n'est en mesure de soutenir directement Saint-Cyr. Or, à ce moment, le gros de l'armée était encore loin, et Vandamme seul à Kœnigstein n'y pouvait rien faire, tandis qu'à Dresde il aurait rendu la position de Saint-Cyr inexpugnable; le reste de l'armée était libre d'exécuter la belle manœuvre que Napoléon avait conçue, précédé de la division du 14° corps qui occupait Kœnigstein. Nous pensons donc qu'en dirigeant, le 25, Vandamme sur Kœnigstein, Napoléon a prescrit un faux mouvement. En outre, il nous semble qu'au moment où il a renoncé à sa manœuvre, la situation de Dresde ne l'y obligeait pas; car d'abord il lui suffisait, pour être sûr de conserver la position, de renforcer Saint-Cyr de quelques divisions de la garde qui, en réalité, sont arrivées le 26, et alors même que le 14° corps eût dû céder le terrain, l'attaque de 120,000 hommes, débouchant de Kœnigstein, n'en aurait pas moins mis l'armée de Bohême dans une situation critique.

On doit reconnaître d'ailleurs qu'en renonçant à la manœuvre, qui sans aucun doute était la meilleure, les particularités du terrain qui environne Dresde en ont suggéré à Napoléon une autre qui était encore excellente, et qui l'a conduit à une de ses plus belles victoires.

Toutefois il faut remarquer que le plan de la bataille de Dresde n'a été déterminé que par des considérations tactiques; aussi Napoléon n'en a-t-il pu tirer que les conséquences immédiates; tandis que l'opération par Kœnigstein était essentiellement stratégique en ce sens qu'elle menaçait le flanc droit et les communications de l'armée de Bohême, et que la bataille ainsi livrée aurait eu par elle-même des conséquences que, dans le fait, Napoléon n'a cherché à atteindre qu'en dirigeant plus tard Vandamme sur Kuhlm.

Quoi qu'il en soit, l'armée de Bohême était battue; malheureusement ce succès fut contrebalancé par les défaites de Macdonald sur la Katsbach et d'Oudinot à Grossbeeren.

Comme je l'ai déjà fait observer, Napoléon aurait mieux fait de rester un peu plus longtemps vis-à-vis de Blücher; cependant en s'éloignant de l'armée de Silésie il avait laissé à Macdonald des instructions très nettes sur la conduite à tenir, et ce maréchal avait tous les moyens de remplir avec succès la tâche qui lui était assignée.

Mais il avait commis des fautes inexplicables de la part d'un homme qui depuis vingt ans faisait la guerre à la tête des troupes françaises. D'abord, dans les instructions cependant si claires de Napoléon, il n'avait vu que la lettre sans chercher à en saisir l'esprit.

Rejeter Blücher sur Jauer, puis s'établir défensivement sur le Bober, tel était l'ordre qu'il avait reçu.

Il était bien clair d'après cela que la marche sur Jauer n'était que secondaire, puisque même en cas de succès, l'armée française devait revenir en arrière, et par suite que ce qui importait avant tout c'était de tenir Blücher en échec.

Dès lors, les circonstances favorables à l'offensive ayant disparues par suite des faux mouvements du 3° corps, et par l'arrivée du mauvais temps, rien n'obligeait à attaquer Blücher. Il suffisait de le surveiller, et les pluies étaient aussi défavorables à son offensive qu'à la nôtre.

Il est bien certain que si notre armée avait été bien établie sur le Bober, de Lœvenberg à Bunzlau, Blücher n'en aurait pas eu raison, et tout ce qu'il y avait d'essentiel dans la mission de Macdonald était rempli.

Ensuite, après avoir, malgré tout, décidé l'offensive, il l'exécuta d'une manière déplorable, sans lier ses divers corps, en les faisant cheminer en deux colonnes séparées par un profond ravin, — ce qui permit à Blücher d'accabler l'une d'elles, — et en détachant deux divisions à deux lieues du champ de bataille, ce qui amena la destruction de l'une de ces divisions.

Il est difficile de comprendre qu'un homme qui avait vingt ans d'expérience ait pu prendre de pareilles dispositions.

Le maréchal Macdonald était cependant un digne militaire aussi honorable par son caractère qu'intrépide sur le champ de bataille; mais, comme la plupart de ses camarades, il était mal pénétré des principes fondamentaux de la grande guerre, et, s'il avait de grandes qualités pour exécuter les ordres sous les yeux du chef, il manquait de celles qui sont indispensables au chef lui-même.

C'est un de ces exemples qui montrent que les qualités du commandement tiennent essentiellement à la nature, et que l'étude et l'expérience n'y servent à rien. Macdonald avait livré la bataille de la Katzbach comme celle de la Trebbia, 15 ans plus tôt; tout ce qui s'était passé dans l'intervalle n'avait servi à rien pour éclairer son esprit. Il était resté l'homme fait pour obéir et non pas pour commander.

« Il avait, dit Marmont, cette activité malheureuse de certains hommes qui se laissent absorber dans les circonstances les plus importantes par les détails les plus minutieux. A l'armée il écrivait lui-même les lettres relatives au service. Cette seule circonstance le fait connaître. » Dans ces conditions, on ne peut adresser à Napoléon qu'un seul reproche: c'est d'avoir choisi un tel homme pour commander une de ses armées.

Nous pensons qu'il en est autrement de la défaite de Grossbeeren, et qu'elle était implicitement comprise dans les instructions qu'Oudinot avait reçues.

Ce n'est pas que l'idée d'une offensive sur Berlin fût absolument mauvaise en elle-même; si Napoléon tenait vraiment à rentrer au plus vite dans la capitale de la Prusse, il pouvait y conduire lui-même une armée considérable; mais alors il fallait être prêt à céder le terrain sur les autres parties du théâtre des opérations.

Il est permis de s'étonner que Napoléon n'ait pas été convaincu que, disposant en somme de forces notablement inférieures à ses adversaires, il ne devait pas prendre l'offensive partout à la fois.

Il ne pouvait arriver à les vaincre qu'à la condition de se porter successivement contre leurs armées séparées. C'est là une des conditions essentielles de l'emploi des lignes intérieures, car il est clair qu'en cherchant à en utiliser les avantages, on ne peut être fort partout en même temps. Or Napoléon tenant à avoir sous la main sa masse centrale pour la porter soit contre l'armée de Silésie, soit contre celle de Bohême, Oudinot ne devait avoir que des forces insuffisantes et, par suite, l'offensive devait lui être interdite. Nous pensons donc que Napoléon est vraiment responsable de la défaite de Grossbeeren, d'autant plus qu'en dehors des raisons que nous venons d'en donner, l'offensive une fois résolue aurait pu être combinée dans des conditions beaucoup plus avantageuses, à la condition d'être seulement retardée.

Comme on l'a vu, Napoléon voulait en effet y faire participer la division Girard et le corps de Davout venant de Magdebourg et de Hambourg. Or, il n'est pas possible de porter son attention sur les dispositions arrêtées par Napoléon pour la marche concentrique sur Berlin, d'Oudinot, de Girard et de Davout, sans être confondu. Croirait-on que l'homme qui a prescrit ces mouvements est celui qui a écrit *qu'une armée ne doit avoir qu'une ligne d'opérations ; que c'est un principe qui n'admet pas d'exception, que toute jonction de corps d'armée doit s'exécuter loin de l'ennemi et non pas en sa présence ;* que c'est lui aussi qui a tant critiqué les généraux français de la guerre de Sept ans, les invasions de la Bohême de Frédéric, les opérations de Jourdan et de Moreau en Allemagne en 1796, et celles de Wurmser et d'Alvinzi à la même époque, enfin celles des généraux français en 1799 qui ont amené les défaites de la Trebbia de Novi et de Genola, pour avoir violé ces préceptes [1] ?

N'est-il pas manifeste que ce qu'il reprochait à ces divers généraux, il venait de le faire lui-même, et, malheureusement pour nous, ce devait être l'occasion d'une nouvelle confirmation des principes auxquels il semblait tant tenir.

Et, d'ailleurs, il faut reconnaître que rien ne l'obligeait à s'en écarter, et qu'au contraire il était très simple de s'y conformer. Pour cela il convenait de prescrire à Oudinot de rester d'abord dans l'expectative, de manœuvrer en présence de l'ennemi pour l'occuper, mais en évitant la bataille et sans se compromettre, pendant que, d'une part, Napoléon lui-même opérait soit contre l'armée de Silésie, soit contre celle de Bohême, et que, d'autre

---

[1] Je rappelle ici les principaux exemples que j'ai cités en étudiant jadis les *Maximes de Napoléon* que je viens de rappeler (2º et 3º maxime).

part, Davout se rapprochait de l'Elbe moyen en remontant ce fleuve. A cet effet ce maréchal pouvait marcher avec toutes ses troupes par la rive droite jusqu'à Schwerin pour attirer l'attention de l'ennemi, puis passer brusquement le fleuve avec les deux tiers de ses troupes, en ne laissant en avant de Hambourg que les forces strictement nécessaires à la défense de cette place qui, à ce moment, ne pouvait être menacée par des forces considérables. Avec le gros de ses forces, il aurait remonté l'Elbe par la rive gauche jusqu'à Magdebourg, rallié la division Girard et ensuite marché au-devant d'Oudinot qui, pendant les jours précédents, aurait manœuvré de manière à attirer l'attention de l'ennemi du côté opposé. Une fois la jonction faite, l'armée française du Nord, forte de près de 100,000 hommes, avec un chef comme Davout, pouvait rechercher la bataille, car elle avait de grandes chances de la gagner, même sans que Napoléon ait amené lui-même quelque renfort.

Nous trouvons donc que, si Napoléon n'est pour rien dans la défaite de la Katzbach, c'est sur lui que doit retomber la responsabilité de celle de Grossbeeren. Dans le fait, les prévisions pessimistes de Marmont s'étaient réalisées. Pendant que Napoléon avait gagné une grande bataille, ses lieutenants en avaient perdu deux. Mais nous pensons qu'on aurait bien tort d'en conclure que le système d'opérations par lignes intérieures est défectueux en lui-même; seulement il exige certaines conditions auxquelles Napoléon n'a pas satisfait. Il a pris l'offensive sur plusieurs points, tandis qu'en opérant en lignes intérieures, on ne doit attaquer que sur un seul point à chaque moment. Il faut remarquer d'ailleurs qu'en ce qui concerne les opérations particulières d'Oudinot combinées avec celles de Girard et de Davout, ce n'étaient pas les Français qui avaient les lignes intérieures, mais leurs adversaires, et cela fut une des causes de succès de ces derniers, en permettant à Bernadotte, après avoir battu Oudinot, de se rejeter sur Girard avec des forces supérieures. Aussi, malgré les tristes résultats obtenus, nous prétendons que Napoléon avait toutes les chances pour lui, s'il avait mieux appliqué ses propres principes et que Macdonald n'eût pas commis de si grosses fautes.

Qu'on suppose en effet l'Empereur prescrivant à Oudinot l'expectative, et appelant Davout sur Magdebourg, pendant que lui-même opérait en Silésie, et ensuite Macdonald appréciant mieux son rôle et évitant de se diviser, pendant que Napoléon revenait sur Dresde, il n'en fallait pas davantage pour éviter Grossbeeren et la Katzbach.

Dès lors la victoire de Dresde était obtenue sans compensation; de plus, l'Empereur avait tout le loisir d'en tirer les conséquences qu'elle comportait, car ce n'est que pour réparer les défaites de ses lieutenants qu'il en a été détourné. Par suite, une fois l'armée de Bohême bien battue, il restait libre, même en renforçant Macdonald d'une vingtaine de mille hommes, de rallier Oudinot et Davout avec la garde et d'entrer à Berlin avec 120,000 hommes, tout en en laissant encore 100,000 aux environs de Dresde.

Dès lors, le système des lignes intérieures portait tous ses fruits, et s'il en a été autrement ce n'est pas parce que les principes étaient mauvais, mais parce que l'exécution a été défectueuse.

Au surplus, on peut encore remarquer que les critiques que Marmont adressait aux dispositions générales de Napoléon reposaient non pas sur la valeur des principes, mais sur celle des hommes chargés de jouer un rôle capital dans leur application. Et, à ce point de vue, il faut convenir que le duc de Raguse avait raison, car Oudinot n'était pas plus capable que Macdonald de commander une grande armée. Jomini, discutant la même situation a soutenu de son côté qu'il avait manqué à Napoléon deux hommes capables d'opérer loin de lui. Mais cette observation ne nous semble pas exacte, car, ces deux hommes, Napoléon les avait; c'étaient Davout et Saint-Cyr; seulement il n'a pas su les mettre à leur place.

L'un, Davout, disgracié depuis la campagne de Russie par suite de la jalousie de Berthier, s'est trouvé relégué en dehors du théâtre principal des opérations et n'a joué aucun rôle pendant toute la campagne. L'autre, Saint-Cyr, a, sans aucun doute, rendu de grands services autour de Dresde, mais il aurait été bien mieux placé vis-à-vis de l'armée de Silésie, opposant son calme imperturbable à l'ardeur de Blücher. Ce qu'il faut conclure de ces observations? Ce n'est certes pas que la pratique des lignes intérieures soit mauvaise, mais seulement qu'en dehors de certaines conditions dont il faut tenir compte pour la combinaison des mouvements dans leur ensemble, il est nécessaire que le généralissime dispose de deux ou trois hommes sur lesquels il puisse compter en son absence. Mais quel que soit le système d'opérations que l'on adopte, il en sera toujours de même dès que l'on a à diriger des armées fortes de plusieurs centaines de mille hommes, et, d'ailleurs d'une manière générale, on ne saurait trop répéter que la guerre n'est pas une science abstraite, que les principes ne valent rien par eux-mêmes, mais seulement par la manière dont ils sont appliqués, et que, pour qu'une opération soit heureuse, il ne suffit pas qu'elle soit juste dans sa conception, mais il faut surtout qu'elle soit conduite par des hommes capables de la comprendre et de l'exécuter.

Quoi qu'il en soit, il est certain que la victoire de Dresde compensait largement les défaites de Macdonald et d'Oudinot, et, comme les armées ennemies restaient séparées, Napoléon pouvait espérer réparer les défaites de ses lieutenants, lorsque le désastre de Kuhlm vint définitivement faire pencher la balance du côté de ses adversaires.

En réalité, Kuhlm est le nœud de la première partie de la campagne; car si, au lieu d'essuyer ce désastre, Napoléon, appuyant Vandamme, eût achevé la défaite de l'armée de Bohême, les échecs de Grossbeeren et de la Katzbach n'auraient eu que peu de conséquence. Alors même que Macdonald eût été rejeté jusque sur Dresde, cela n'empêchait pas la désorganisation de la principale armée de la Coalition. L'Empereur se trouvait avoir atteint le but que Saint-Cyr et Marmont voulaient lui voir poursuivre, mais dans des conditions bien plus avantageuses que s'il avait cherché à pénétrer lui-même en Bohême, car, ayant gagné la bataille tout près de Dresde, il aurait obtenu un grand succès sans s'éloigner de ses ressources; dès lors une fois débarrassé de l'armée de Bohême, il avait le moyen de se jeter rapidement sur l'armée de Silésie ou sur l'armée du Nord soit par Dresde, soit par Torgau; tandis que le désastre de Kuhlm, venant s'ajouter aux défaites de Grossbeeren et de la Katzbach, allait annihiler complètement, matériellement et moralement, tous les avantages de la victoire de Dresde. C'est donc bien l'événement décisif de cette période des hostilités.

Aussi ne doit-on pas s'étonner que les causes de ce désastre aient été l'ocasion de nombreuses discussions de la part des écrivains militaires.

Tous ne sont pas du même avis au sujet de la responsabilité à encourir.

Il s'agit en somme de faire une véritable enquête, et nous croyons qu'il ne peut y avoir de doute sur les conclusions auxquelles elle doit conduire, pourvu que l'on ne commence pas par admettre comme un dogme l'infaillibilité de Napoléon.

D'abord il est un fait manifeste, c'est que la cause immédiate du désastre de Vandamme réside dans son isolement. La première question à résoudre est donc de rechercher d'où provenait cet isolement.

Or le mouvement du 1er corps était ordonné par Napoléon qui en même temps n'avait prescrit à aucun autre corps de l'appuyer. Il ne peut y avoir d'hésitation à ce sujet en ce qui concerne les corps de droite de l'armée française, le 6e et le 2e, qui n'étaient pas dans la zone d'opération de Vandamme. La question ne mérite d'être examinée que pour les corps de Mortier et de Saint-Cyr qui étaient placés de telle sorte qu'ils auraient pu appuyer le 1er corps s'ils avaient eu quelques raisons de le faire.

Mais Mortier était à Pirna comme un en-cas et avec l'ordre formel d'attendre des ordres; en ne bougeant pas, il s'est tenu dans les limites de ses instructions.

Saint-Cyr avait bien d'abord, le 28, été dirigé vers Vandamme, mais, par suite du mouvement transversal de Barclay de Tolly, Napoléon l'avait ramené du côté de Marmont, et, le 29 encore, il lui prescrivait d'être en mesure de soutenir ce dernier et sans lui parler de Vandamme.

Le chef du 14e corps n'avait donc aucune raison de se relier au 1er, aucun ordre ne le lui prescrivait. Mais, dira-t-on, Mortier et Saint-Cyr, sans avoir reçu d'ordres, pouvaient bien prendre sur eux d'appuyer Vandamme. Sans doute nous estimons qu'un chef de corps d'armée a de grands droits à l'initiative, mais pour que cette initiative s'exerce d'une manière judicieuse, il faut qu'elle soit motivée, surtout quand on a pour chef un homme comme Napoléon.

Or, une seule chose pouvait amener Saint-Cyr ou Mortier à appuyer Vandamme sans en avoir reçu l'ordre, c'était d'avoir des raisons de croire qu'il pouvait avoir besoin d'eux. Mais aucun renseignement ne pouvait leur donner cette pensée.

Dans les instructions que Napoléon envoie à ses lieutenants, non seulement il ne prescrit pas d'appuyer Vandamme, mais il représente la situation de ce général comme excellente et comme ayant jeté l'épouvante dans l'armée russe. Ni Saint-Cyr ni Mortier ne pouvaient donc croire que Vandamme eût besoin de leur soutien.

En ce qui concerne le premier, on peut dire encore, et c'est le principal grief dont on veut charger Saint-Cyr, que c'est lui qui a laissé échapper Kleist. Mais il l'avait suivi le 29, était resté en contact avec lui jusqu'au soir, et il reprit son mouvement le lendemain dès qu'il en eut l'ordre. Que voulait-on qu'il fît de plus ? Le talonner d'un peu plus près le 29 en appuyant à gauche, c'était possible ; mais les instructions de Napoléon l'appelaient du côté opposé, il est naturel qu'avant de s'en écarter, il en ait demandé de nouvelles, et, s'il ne les a pas reçues en temps utile, c'est que Napoléon était trop loin de ses troupes pour pouvoir les diriger suivant les circonstances. En s'en éloignant, il n'avait donné le commandement supérieur à personne. Or un chef de corps ne voit que ce qu'il a devant lui, son initiative est donc forcément limitée. Ce n'est pas à lui de combiner les mouvements d'ensemble, et Saint-Cyr n'avait aucune raison de croire que Napoléon avait mis Vandamme dans une situation telle qu'il pouvait être entouré par l'armée ennemie. D'ailleurs, puisque Napoléon lui avait prescrit d'appuyer Marmont, si Vandamme avait besoin d'un soutien, c'était à Mortier et non pas à lui de le fournir [1].

---

[1] Je ne reprocherai pas à M. Thiers d'avoir partagé, au sujet de Kuhlm, l'avis des détracteurs de Saint-Cyr ; il suffit d'avoir lu sa critique pour voir qu'elle est de bonne foi ; sur ce point, comme sur presque toutes les parties de la guerre de 1813, le jugement de Thiers est faussé par cette idée préconçue que Napoléon n'a pas pu commettre de fautes militaires.

Mais si l'appréciation de Thiers, quoique erronée, est respectable, je n'en dirai pas autant de celle que l'on trouve dans les *Mémoires* de Marbot. Les faits y sont présentés sous un jour tellement faux que l'on peut se demander si l'auteur a péché seulement par ignorance. Mais il ne faut pas s'étonner de cet essai de dénigrement ; il est tout naturel que l'homme qui ne voulait pas de Spartiate dans sa famille n'ait rien compris à l'élévation du caractère de Saint-Cyr. Il faudra d'autres documents pour entacher la mémoire de ce grand homme de guerre.

Cependant les reproches qui lui ont été adressés au sujet de Kuhlm ont encore trouvé récemment un écho dans les écrits du général Thoumas. « On sait, dit-il (*Transformations de l'Armée française*, t. Ier, p. 177), qu'ayant reçu l'ordre de se joindre à Vandamme, Saint-Cyr fit le mouvement avec une

Je conclus donc en disant qu'il n'y a qu'un coupable dans l'affaire de Kuhlm, et que ce coupable c'est Napoléon. C'est lui qui, violant ses propres principes, a prescrit à Vandamme de tourner l'armée ennemie, en le séparant du gros de l'armée. C'est lui qui a prescrit à Mortier d'attendre des ordres à Pirna, à Saint-Cyr de se diriger du côté de Marmont et non pas de celui de Vandamme. C'est lui qui, en revenant à Dresde, sans donner le commandement supérieur à aucun de ses lieutenants, a abandonné chacun de ses corps d'armée à lui-même, sans qu'aucun d'eux ait les renseignements suffisants pour modifier suivant les circonstances les instructions qu'il avait reçues.

Quant à l'influence des lignes intérieures dans cette circonstance, il est manifeste que, comme pour les opérations sur Berlin, si les principes ont été violés, c'est du côté de Napoléon et non pas de celui de ses adversaires.

Et si l'on demande comment cet homme, d'un génie militaire si supérieur et d'une expérience si consommée, a pu se laisser entraîner à de pareilles erreurs, je répondrai que cela tient avant tout à ce qu'il avait mal apprécié la situation dans son ensemble.

Sans doute il existe une cause très particulière, qui a retenu Napoléon à Dresde, c'est le désir de réparer les défaites de Grossbeeren et de la Katzbach ; mais s'il avait cru en même temps sa présence nécessaire aux frontières de la Bohême, il aurait ajourné ses projets d'offensive contre Blücher ou sur Berlin, en se disant qu'en agissant autrement il courait le risque de lâcher la proie pour l'ombre. C'est ce qui a eu lieu en réalité, mais Napoléon ne s'est laissé entraîner à une pareille faute, que parce qu'il se méprenait sur l'état moral de ses adversaires.

Après avoir douté de la victoire le soir du 27, il l'avait cru le lendemain plus décisive qu'elle ne l'était.

---

extrême lenteur et ne rejoignit pas le 1er corps. » Voilà comment les esprits superficiels écrivent l'histoire, sans se donner la peine, sur des sujets aussi graves, d'y regarder de près ; autrement le général Thoumas aurait vu que non seulement Saint-Cyr n'avait pas reçu l'ordre de se joindre à Vandamme, mais qu'au contraire, il avait été dirigé du côté opposé. L'auteur dont je parle se contente de s'appuyer sur l'opinion du duc de Fezensac qui a peu de valeur, et quand ce dernier, après avoir rendu Saint-Cyr responsable de Kuhlm, ajoute que d'une manière générale, le maréchal négligeait la partie morale dans les opérations militaires, on ne sait comment qualifier cette appréciation, car si quelqu'un a jamais tenu compte des causes morales, c'est bien Saint-Cyr.

Il croyait ses adversaires démoralisés comme au lendemain d'Austerlitz, d'Iéna ou de Friedland, et qu'après les avoir poussés devant lui avec le gros de ses forces, il suffirait d'un corps comme celui de Vandamme, apparaissant sur leurs derrières, pour transformer leur retraite en déroute. Or là était son erreur. Le désir de vengeance des Russes n'était pas encore assouvi par les malheurs de notre retraite, et les Allemands, les Prussiens surtout, avaient juré d'obtenir l'indépendance de leur pays. Voilà ce que Napoléon, n'envisageant que la force brutale, n'avait pas compris, et c'est ainsi qu'il a été conduit à se départir les principes militaires qu'il a toujours considérés comme les plus essentiels ; car, en somme, le mouvement qu'il a prescrit à Vandamme c'est le même que ceux que jadis Wurmser et Alvinzi voulaient exécuter contre lui, c'est celui que Loudon a tenté à Liegnitz contre Frédéric, que Frédéric lui-même a exécuté à Maxen, et si, tout en en connaissant mieux qu'aucun autre le danger, Napoléon s'y est laissé entraîner, c'est que se méprenant sur l'état moral de ses adversaires, il a pensé que tout lui était permis, et qu'il a pu croire que les mêmes mouvements qui, exécutés jadis par ses adversaires, avaient été pour eux l'occasion de défaites, prescrits par lui-même, lui procureraient au contraire de nouveaux triomphes. Et c'est ainsi que les causes morales et générales engendrent les causes militaires et particulières, et le devoir de l'historien, qui cherche dans l'étude des événements un enseignement, est de montrer comment elles se relient les unes aux autres, car si les unes sont bien les causes premières, les autres sont en réalité seules les causes immédiates et effectives.

En résumant les considérations que nous venons de présenter, nous dirons que l'insuccès des manœuvres de Napoléon pendant la période qui s'étend du 15 au 30 août, a pour cause une série de fautes dont les principales lui sont imputables.

Celles qui ont amené la défaite de la Katzbach sont les seules dont il ne soit pas responsable, et il faut remarquer que, malgré la gravité de cette défaite, elle n'était pas par elle-même décisive. Elle n'a eu une grande influence sur l'ensemble des opérations qu'en retenant Napoléon à Dresde et en le détournant de la tâche bien autrement importante qu'il avait à remplir pour achever la défaite de l'armée de Bohême.

Quant à Grossbeeren, il faut en attribuer la cause première aux dispositions d'ensemble de Napoléon, et il en est de même de celles qui ont amené le désastre de Kulm.

Mais en terminant, nous tenons à redire qu'à notre avis ce serait une grande erreur que de conclure de l'insuccès de toutes ces manœuvres que la pratique des lignes intérieures qui caractérise le système d'opérations que Napoléon voulait suivre est mauvais en lui-même. Au contraire, l'étude attentive des événements, l'analyse des causes qui ont amené les défaites de l'armée française, montrent que l'emploi de ce système donnait à Napoléon de grands avantages, et que s'il eût tenu compte des conditions essentielles qu'il exige, et notamment s'il se fût gardé de prendre l'offensive sur plusieurs points à la fois, et qu'en même temps il eût évité, dans l'exécution, des fautes qui n'en étaient nullement la conséquence, il aurait trouvé dans la séparation des armées ennemies l'occasion d'aussi beaux triomphes qu'en 1796.

## III.

### Du 1er au 25 septembre.

#### 1° *Précis des opérations.*

Les opérations de la période précédente sont loin d'avoir permis à Napoléon de prendre le dessus. La victoire de Dresde est largement compensée par les défaites de Grossbeeren, de la Katzbach et de Kulm [1].

Ses forces commencent à s'épuiser, il n'a plus de réserve. Les ressources de ses ennemis continuent, au contraire, leur développement; en outre, leur moral s'élève avec leur confiance dans le succès final.

Cependant Napoléon est loin de désespérer. Dès le 30 août, dans la matinée, ne connaissant pas encore le désastre de Vandamme, qui avait lieu ce même jour, comptant au contraire sur un brillant succès de ce côté, croyant d'ailleurs Macdonald

---

[1] C'est par erreur que Kulm a été écrit avec un h dans les pages précédentes.

capable de tenir sur le Bober, il s'était demandé quel était le meilleur parti à prendre dans la situation générale de ses affaires.

Il avait examiné et comparé les avantages et les inconvénients d'une offensive sur Prague ou sur Berlin, et s'était prononcé résolument pour cette dernière, trouvant l'autre trop excentrique par rapport à l'Elbe moyen, qui est sa vraie base d'opérations. D'après ces idées, il avait pris le parti d'appuyer Oudinot avec la garde et une partie de la réserve de cavalerie, tandis que les corps de Vandamme, de Saint-Cyr, de Marmont et de Victor, formant ensemble une armée de plus de 100,000 hommes, auraient été opposés, sous le commandement supérieur de Murat, à l'armée de Bohême, et que Macdonald se retirerait jusqu'à Bautzen si c'était nécessaire; puis, après avoir battu Bernadotte, il comptait rallier Marmont, rappelé à son tour sur la droite, et tomber avec ce corps et la garde dans le flanc droit de Blücher que Macdonald contiendrait de front.

Méditant sur ce projet, il n'avait pas encore donné les ordres à exécuter pour le réaliser, lorsqu'il reçut les nouvelles lui annonçant le désastre de Kulm, en même temps qu'il apprenait que Macdonald était obligé d'accentuer sa retraite.

Il semble que l'Empereur [1] fut atterré par la nouvelle de la défaite de Vandamme, et il hésita à s'éloigner résolument de Dresde comme il en avait eu l'intention; cependant il persista à réunir une forte réserve sur la rive droite de l'Elbe, à Hoyerswerda; mais au lieu de la destiner d'une manière formelle à marcher sur Berlin, il se réserva de l'employer tout aussi bien à secourir Macdonald, si Blücher devenait trop pressant, ou même de la ramener sur Dresde si l'armée de Bohême débouchait des montagnes.

En attendant, il jugea bon de remplacer à la tête de l'armée du Nord, Oudinot par Ney; il prescrivit à ce dernier d'être le 6 à Baruth, à trois jours de Berlin, lui annonçant que le même jour un corps serait à Luckau pour l'appuyer. Afin d'être en mesure

---

[1] Il sentait bien qu'il était le vrai coupable, et il devait le reconnaître quelques jours plus tard devant Saint-Cyr qu'il n'a jamais eu l'idée d'en rendre responsable. D'après quelques écrivains, dont Ségur, il aurait fait brûler certaines lettres portant la preuve des ordres donnés à Vandamme.

de réaliser ces projets, Napoléon voulait porter sur Hoyerswerda la garde, Marmont et la moitié de la réserve de cavalerie.

Avec ces dispositions il resterait sur la rive gauche de l'Elbe, Saint-Cyr et Victor aux débouchés des montagnes, tandis que Poniatowski et Kellermann se tiendraient sur la droite, entre l'Elbe et Macdonald, et que le 1er corps se reformerait à Dresde sous les ordres du comte de Lobau que Napoléon avait choisi pour remplacer Vandamme. Si, pendant que Napoléon opérerait contre l'armée de Silésie ou contre l'armée du Nord, l'armée de Bohême, profitant du succès de Kulm, essayait de pénétrer de nouveau en Saxe, Saint-Cyr et Victor devaient se replier sur Dresde ; et, comme les défenses de cette position avaient été perfectionnées depuis la bataille, les redoutes portées de 5 à 8 et armées d'artillerie de position, ces deux maréchaux devaient être en mesure d'y résister à toutes les attaques de l'ennemi, avec l'appui du 1er corps reconstitué.

D'après ces idées, Napoléon, le 2 septembre, dirigea sur Kœnigsbruck, dans la direction d'Hoyerswerda, la cavalerie de la garde avec deux divisions d'infanterie de la jeune garde. Il se proposait, le 3, de les faire suivre du reste de la garde et, un peu plus tard, de Marmont, lorsqu'il reçut de nouvelles dépêches de Macdonald lui annonçant que, poussé vivement par Blücher, il avait dû se replier sur Gœrlitz, et que sans doute il serait obligé de continuer sa retraite jusqu'à Bautzen, peut-être même jusqu'à Dresde.

Au reçu de ces dépêches, Napoléon changea de nouveau ses dispositions.

En présence des demandes de secours de Macdonald, il pensa qu'au lieu de manœuvrer sur sa gauche, il fallait avant tout l'appuyer directement.

En conséquence, il dirigea sur Bautzen toute sa garde; le corps de Marmont devait suivre dans la même direction.

Pendant que ses troupes marchent, il donne des instructions précises pour la défense de Dresde, soit que l'ennemi attaque par la rive gauche ou par la rive droite; en outre il prévient Ney qu'il va attaquer Blücher, et qu'après la bataille il marchera sur Berlin en grande hâte, et il lui donne toujours rendez-vous à Baruth; enfin il quitte Dresde le 3 au soir, et après avoir couché à Harta sur la route de Bautzen, il arriva dans cette ville dans la matinée du 4. Il y trouva Macdonald qui, conformément à ses craintes, avait été obligé d'abandonner la Neisse après le Bober et de revenir jusque sur la Spree. La cavalerie de la garde et celle de Latour-Maubourg seules étaient arrivées avec Murat ; cependant Napoléon voulut reprendre de suite l'offensive et pousser Blücher avec la plus grande vigueur. Il avait pris ses précautions pour dissimuler son arrivée ; mais l'hostilité des populations permit à Blücher d'être prévenu du mouvement des renforts que Napoléon avait mis en marche sur Bautzen, et le commandant de l'armée de Silésie, au lieu de continuer résolument sa marche, ne s'était avancé au delà de Gœrlitz qu'avec prudence ; et quand, dans l'après-midi du 4, Murat déboucha de Bautzen, il ne trouva devant lui que quelques avant-gardes. Il en eut facilement raison. Mais Blücher, averti par cette irruption que Napoléon était proche, fidèle au plan convenu à Trachenberg, prit ses mesures pour se dérober à l'attaque. Aussi le lendemain 5 septembre, l'Empereur, à la tête de son avant-garde, put facilement rentrer à Gœrlitz ; mais voyant Blücher lui échapper de nouveau, et craignant de s'éloigner inutilement de Dresde et de Ney, il arrêta la marche de ses troupes, jugeant préférable de laisser les corps de Macdonald prendre sur la Neisse le repos dont ils avaient besoin.

Il se proposait de rester de sa personne quelques jours à Gœrlitz pour y ranimer ces troupes par sa présence, lorsque, dans la soirée du 5, une dépêche de Dresde, lui annonçant une nouvelle apparition de l'armée de Bohême sur la route de Peterswalde, le ramena à Bautzen.

Le lendemain, des dépêches plus précises de Saint-Cyr le firent revenir sur Dresde, où il dirige la garde et Latour-Maubourg. En s'y rendant le 6 au soir, il prescrit à Macdonald, en cas d'une nouvelle attaque de Blücher, de revenir sur Bautzen et de s'y établir solidement ; en même temps, il ne renonce pas à l'opération sur Berlin, il compte qu'elle ne sera qu'ajournée, et il pousse Marmont sur Kœnigsbruck dans la direction d'Hoyerswerda ; de là ce maréchal, en attendant de marcher vers le Nord, servira à relier Macdonald à Ney ; mais Napoléon néglige de prévenir ce dernier qu'il ne doit plus compter d'être appuyé très prochainement.

Arrivé à Dresde, Napoléon rejoint, le 7, Saint-Cyr qui voudrait attaquer en Bohême, croyant que la grande armée est divisée, et cette conjecture était exacte.

En effet, le gros des Autrichiens a repassé sur la rive droite de l'Elbe dès que les souverains ont appris le mouvement de Napoléon contre Blücher, tandis que Klenau restait à Commotau et à Chemnitz pour se refaire, et que les Russes de Wittgenstein et les Prussiens de Kleist exécutaient une forte démonstration dans la direction de Dresde. Sans les Autrichiens, ces derniers avaient été assez forts pour obliger Saint-Cyr à reculer; mais celui-ci, persuadé qu'ils étaient seuls, aurait voulu que Napoléon profitât de leur isolement pour les attaquer. L'Empereur, moins convaincu que son lieutenant, revient à Dresde, attendant, pour prendre un parti, de nouveaux renseignements et l'arrivée de la garde dont en tout cas la présence était nécessaire pour reprendre l'offensive.

Le 8, Napoléon rejoint de nouveau Saint-Cyr avec la garde. Les Russes et les Prussiens avaient accentué leur mouvement et Saint-Cyr avait reculé devant eux jusqu'à la Muglitz; mais certain d'être secouru au besoin par la garde, il reprend brusquement l'offensive avec l'assentiment de Napoléon et refoule ses adversaires.

Néanmoins, Napoléon restait incertain sur les projets de l'armée de Bohême, lorsqu'il reçut de mauvaises nouvelles lui apprenant la défaite de Dennewitz.

Ney était arrivé le 3 à Wittenberg; son armée n'avait plus que 52,000 hommes au lieu de 65,000 qu'elle comptait à la reprise des hostilités. Le maréchal veut aller par Juterbock à Baruth, où Napoléon lui a donné rendez-vous. S'étant mis en mouvement le 5 septembre, il avait atteint le même jour Seyda, après avoir battu Tauenzien qui formait la gauche de Bernadotte, à Zahne. Le 6, il reprend sa marche sur Juterbock, le 4ᵉ corps en tête, puis le 7ᵉ, enfin le 12ᵉ avec Oudinot. L'armée française, formant une colonne allongée, allait donc exécuter une marche de flanc en présence de l'armée ennemie forte de 80,000 hommes et dont le gros se trouvait sur sa gauche, tandis que le corps de Tauenzien était établi en avant de Juterbock. Vers midi, Bertrand se heurte contre ce dernier et l'action s'engage de suite à la sortie de Dennewitz.

La division italienne et celle du général Morand, dirigées par

Ney lui-même, commencèrent par faire quelques progrès, mais furent bientôt arrêtés par Bülow, apparaissant sur leur gauche, tandis que Reynier et Oudinot étaient encore loin.

Réduit à 15,000 hommes contre 40,000, le 4e corps fait néanmoins bonne contenance et tient ferme pendant deux heures jusqu'à l'arrivée du 7e corps. Reynier place aussitôt son corps d'armée en potence pour faire face à|Bülow. Ce dernier allait être lui même bientôt soutenu par les Russes et les Suédois qui approchaient du champ de bataille; mais Oudinot y arriva en même temps qu'eux et prit aussitôt ses dispositions pour soutenir les Saxons de Reynier qui étaient sérieusement menacés. Le combat paraissait rétabli de ce côté lorsque le 4e corps, affaibli par une longue lutte et assailli par les Prussiens de Tauenzien et de Bülow, fut obligé de céder le terrain en appuyant à droite de Dennewitz.

Pour couvrir ce village, Ney prescrivit à Reynier et à Oudinot d'exécuter avec une partie de leurs forces un mouvement de gauche à droite.

Aussitôt ce mouvement commencé, les Saxons qu'Oudinot ne soutenait plus, vivement attaqués, commencèrent à reculer et bientôt se laissèrent mettre en déroute.

Une affreuse confusion s'ensuivit dans tous les corps; la bataille était perdue, elle eut des conséquences désastreuses; les Bavarois et les Saxons, qui jusqu'à ce moment s'étaient assez bien comportés, se mirent à déserter en masse et bientôt l'armée, qui avait perdu 6,000 à 7,000 hommes pendant la bataille, se trouva diminuée de 20,000 hommes.

La route de Wittenberg nous était interdite; Ney se replia sur Torgau où il arriva, le 8, avec une armée réduite à 32,000 hommes. Voilà ce qu'apprit Napoléon, le 8 au soir, à Dohna où il avait établi son quartier général.

Cette défaite, venant après la Katzbach et après Kulm, n'était pas de nature à améliorer la situation de l'armée française. Elle ouvrait à l'armée de Bernadotte l'accès du bas Elbe et pouvait lui permettre de passer sur la rive gauche pour combiner de plus près avec l'armée de Bohême des opérations sur les communications de l'armée française avec le Rhin. Napoléon en reçut la nouvelle formelle à Pirna dans la soirée du 8.

Il resta impassible devant ce nouveau coup de la fortune;

néanmoins, tout en montrant dans cette circonstance la fermeté de son caractère, il ne pouvait s'empêcher de penser à la gravité de sa situation; aussi sans désespérer encore de l'issue de la lutte qu'il avait entreprise, il fit écrire le soir même par M. de Bassano une lettre chiffrée au duc de Feltre, ministre de la guerre, pour l'inviter à mettre les places du Rhin en état de défense et à y réunir de grands approvisionnements.

Mais tout en songeant à l'avenir, il importait surtout de pourvoir aux nécessités du présent. La défaite de Dennewitz eut pour résultat d'amener Napoléon à renoncer au moins pour le moment à ses projets d'offensive sur Berlin; Ney fut seulement établi sur l'Elbe entre Torgau et Wittenberg avec l'ordre de surveiller les passages du fleuve.

En même temps, subissant sans doute l'influence de Saint-Cyr, qui aurait toujours voulu prendre l'offensive en Bohême, et se rendant bien compte qu'il ne pouvait rétablir ses affaires qu'en gagnant une grande bataille, Napoléon se montrait disposé à la rechercher de ce côté.

Il avait directement sous la main le 14e corps et le 1er à peu près réorganisé qui, avec trois divisions de jeune garde sous Mortier, formaient ensemble une soixantaine de mille hommes. Le reste de la garde, avec Latour-Maubourg, était près de Dresde, et Marmont, qu'il rappela d'Hoyerswerda au premier avis de la défaite de Dennewitz, allait y arriver rapidement; Victor était à droite sur la route de Freyberg. C'était encore environ 60,000 hommes que l'on pouvait faire concourir rapidement à la bataille; Napoléon disposait donc de 120,000 hommes pour la livrer.

Mais au fond, commençant à bien se rendre compte du système de guerre que les Alliés avaient adopté contre lui, il ne croyait guère amener Schwarzenberg à accepter la lutte et, en cédant aux sollicitations de Saint-Cyr, il s'avança, le 9 et le 10, avec les seuls corps qui se trouvaient déjà sur le terrain. On refoula facilement Kleist et Wittgenstein; Saint-Cyr, marchant à droite sur le Geyersberg, aurait voulu traverser la montagne et tomber dans le flanc des colonnes ennemies qui se retiraient par la route de Peterswalde.

Mais ayant constaté qu'il faudrait 24 heures pour frayer un passage praticable à l'artillerie, Napoléon crut devoir renoncer à cette opération.

Après avoir parcouru tout le pays, dans la journée du 11, et avoir recommandé au maréchal Saint-Cyr, à qui il donna le commandement supérieur des corps 1 et 14, de contenir le plus longtemps possible l'ennemi au delà des montagnes, avec l'aide de Victor qui doit garder les routes de Dippoldiswalde [1] et de Freyberg, il revint, le 12, à Dresde où il put se livrer à de graves réflexions sur la tournure des événements.

Depuis bientôt un mois que la campagne était commencée, il n'avait pas, à beaucoup près, amélioré sa situation. Il avait bien lui-même gagné une grande bataille, mais ses lieutenants s'étaient fait battre partout. Grossbeeren, la Katzbach, Kulm avaient annulé tous les avantages de Dresde. Depuis le 1er septembre, il n'y avait eu d'important que la défaite de Dennewitz qui n'avait été compensée par aucun succès. Tous les mouvements que Napoléon avait fait exécuter à Marmont et à la garde en les portant d'abord sur Bautzen, Hoyerswerda, pour les ramener ensuite sur Dresde, avaient été complètement inutiles.

Blücher, Wittgenstein, Kleist s'étaient dérobés successivement sans attendre leur choc. Ces allées et venues n'avaient d'autre résultat que de fatiguer les troupes, qui s'affaiblissaient physiquement et moralement de jour en jour.

En outre, la désertion des corps allemands s'ajoutant aux pertes du champ de bataille avait notablement réduit les effectifs. Ney n'avait plus que 32,000 hommes au lieu de 65,000 que son armée comptait à la reprise des hostilités. Macdonald n'en avait plus que 50,000 au lieu de 70,000. Les autres corps, surtout le 1er, avaient fait également des pertes sérieuses. En somme, au milieu de septembre, Napoléon n'avait pas beaucoup plus de 260,000 hommes, en comptant le corps de Davout, qui, en raison de son isolement, ne faisait rien d'utile.

Ses forces s'étaient affaiblies de plus de 100,000 hommes et il n'avait que peu de renforts à attendre.

Du côté des Alliés, les pertes produites par les combats, les fatigues et les maladies étaient aussi considérables que celles des armées françaises, mais elles étaient réparées par l'arrivée de

---

[1] Dippoldiswalde et non Dippodiswalde comme il a été écrit à tort dans les pages précédentes.

nombreuses réserves; les Autrichiens et les Prussiens avaient achevé leurs préparatifs, et bientôt une nouvelle armée russe formée en Pologne allait arriver sur le théâtre des opérations.

Les chances de succès qui, à la reprise des hostilités, étaient très sérieuses pour Napoléon, s'étaient donc fort amoindries.

Cependant l'insuccès de ses premières opérations n'avait pas détourné sa pensée de la direction de Berlin; il voulait toujours se transporter vers le Nord, et, dans ce but, sans songer à évacuer Dresde, il avait décidé, le 12 septembre, c'est-à-dire le jour même de son retour dans cette capitale, que tous les services généraux de l'armée seraient établis à Torgau. Cette place est déclarée le dépôt central de l'armée, et le comte de Narbonne en est nommé gouverneur. Tous les corps d'armée, sauf le 13e, la cavalerie, l'artillerie et le génie doivent y avoir un dépôt; les régiments de marche ou bataillons provisoires qui y arriveront doivent y être fondus et reconstitués par corps d'armée, puis dirigés vers l'armée d'après des ordres qui seront donnés en temps utile. Le but de ces dispositions était de permettre à Napoléon de s'appuyer sur Torgau en se dirigeant vers le Nord. Son projet était alors de marcher avec la garde à la suite de Marmont et de rallier Ney, débouchant de Torgau, pour se porter avec lui contre Bernadotte.

Mais pendant qu'il avait ramené la garde sur la gauche de l'Elbe, Blücher avait repris l'offensive contre Macdonald et l'avait rejeté de nouveau sur la Sprée. Bientôt même, en refoulant Poniatowski de Zittau sur Rimburg, il avait menacé la droite du maréchal et celui-ci avait dû abandonner Bautzen pour se replier sur Harta. Cette circonstance arrête encore une fois le mouvement de Napoléon vers le Nord. Il voudrait cependant livrer une grande bataille, il la cherche; mais voyant ses adversaires se dérober toutes les fois qu'il veut les saisir, il reste incertain sur celui qu'il faut attaquer, et en fait, il n'attaque personne. Quant à abandonner l'Elbe, il y songe moins que jamais, il s'applique au contraire à y rendre son installation plus solide en resserrant sa position autour de Dresde.

Macdonald, obligé d'abandonner la Sprée, fut établi de Stolpen à Radeberg ayant à sa droite Poniatowski qui avait dû se replier en même temps que lui; ils présentaient ensemble une force de 60,000 hommes vis-à-vis de Blücher; de l'autre côté de l'Elbe, aux défilés des montagnes, se trouvaient toujours Saint-Cyr avec les corps 1 et 14 et, plus à droite, Victor, de Dippoldiswalde à Freyberg. C'était encore une force de plus de 50,000 hommes chargée de surveiller les mouvements de l'armée de Bohême et de la contenir.

Entre les deux se tenaient, à Dresde et à Pirna, les 40,000 hommes de la garde prêts à soutenir l'un ou l'autre suivant les circonstances.

En outre, Napoléon, qui avait déjà des ponts sur l'Elbe à Kœnigstein, en fit jeter un autre à Pirna, de manière que, au besoin, Saint-Cyr et Macdonald puissent s'appuyer mutuellement. Avec ces dispositions, il pouvait concentrer rapidement 120,000 hommes sur l'une ou l'autre rive de l'Elbe.

L'Empereur était ainsi résolu à attendre que l'un de ses adversaires vînt se mettre à sa portée pour tomber sur lui avec la masse principale de ses forces.

Dans cette situation, la question des subsistances était une grosse difficulté pour les troupes réunies autour de Dresde. Le corps de Saint-Cyr souffrait du manque de vivres depuis plusieurs jours et le maréchal s'en était plaint à diverses reprises. Des approvisionnements considérables, venant de Hambourg par l'Elbe, se trouvaient à Torgau; mais depuis la bataille de Dennewitz la voie fluviale n'était pas sûre. Afin de la protéger tout en reliant la position de Macdonald à celle de Ney, Napoléon, pour compléter les dispositions que nous venons d'indiquer, établit à Grossenhayn les 30,000 hommes de Marmont et de Latour-Maubourg, qui, en même temps, couvraient le pont de Meissen. Ces précautions n'étaient pas inutiles, car ce ne fut que grâce à l'intervention d'une division de Latour-Maubourg, qu'un convoi parti de Torgau et attaqué, le 15, près de Strehla, par un détachement du corps de Tauenzien, put continuer sa route et arriver à Dresde.

Les approvisionnements pouvaient encore parvenir à l'armée par la route de Leipzig à Dresde, mais cette voie était devenue encore moins sûre que celle de l'Elbe, par suite des nombreux partisans qui avaient fait irruption dans tout le pays compris entre l'Elbe et la Saale.

Il y avait bien à Leipzig quelques milliers d'hommes comprenant des détachements de toutes armes allant du Rhin à l'armée;

Ils étaient formés en bataillons et escadrons de marche sous les ordres du général Margaron, mais étaient insuffisants pour s'opposer aux partisans qui interceptaient les communications, enlevant les convois et ramassant les isolés. Deux corps volants, notamment, sortis de Bohême opéraient avec succès entre la Mulde et la Saale sous les ordres du colonel Mensdorf et du général saxon Thielman. Ils devaient être bientôt soutenus par un corps de cosaques sous les ordres du général Platoff. Pour en nettoyer le pays, Napoléon jugea nécessaire de diriger sur Leipzig le général Lefebvre-Desnouettes avec la division de cavalerie de la garde que ce général commandait.

Ce général devait de plus avoir provisoirement sous ses ordres deux brigades de cavalerie de Latour-Maubourg, 2,000 hommes d'infanterie fournis par le général Margaron et la division de cavalerie de Lorge, du 3e corps de cavalerie, qui faisait partie de l'armée du maréchal Ney.

Quant à cette armée, on a vu qu'à la suite de la défaite de Dennewitz, elle était revenue sur Torgau réduite à 32,000 hommes fort démoralisés. Napoléon jugeant convenable de la réorganiser avait prescrit la dissolution du 12e corps qui, sous les ordres d'Oudinot, comprenait deux divisions françaises et une division bavaroise.

Les deux divisions françaises furent fondues en une seule qui fut commandée par le général Guilleminot et donnée au 7e corps.

On laissa aux Bavarois la mission d'escorter les parcs. Mais Ney eut de plus sous ses ordres la division polonaise Dombrowski, qui, après s'être organisée en Westphalie, s'était portée sur Magdebourg à la reprise des hostilités, puis à Wittenberg. Avec ces troupes comptant environ 30,000 hommes, Ney était chargé de surveiller l'Elbe au-dessous de Torgau et d'en disputer le passage à l'armée du Nord aussi longtemps que possible.

Ainsi, à part le corps de Davout qui était toujours isolé sur le bas Elbe et celui d'Augereau qui s'organisait à Wurtzbourg, Napoléon avait son armée de Dresde à Torgau et à Leipzig, répartie en plusieurs masses s'appuyant les unes sur les autres et pouvant se soutenir mutuellement. 160,000 hommes autour de Dresde, 36,000 de Torgau à Wittenberg, 30,000 à Grossenhayn, 10,000 à Leipzig : telle était la répartition des forces françaises vers le milieu de septembre.

Tandis que Napoléon arrêtait à Dresde toutes ces dispositions, les Alliés ne restaient pas inactifs. Blücher, après avoir chassé Macdonald de Bautzen, sans pousser aucune attaque à fond, ne cessait de le harceler; en outre, étant tout près de l'Elbe, il pouvait communiquer avec l'armée de Bohême par le défilé de Schandau.

Celle-ci était maintenant réunie sur la rive gauche de l'Elbe.

Les Autrichiens qui, au commencement du mois, avaient passé sur la rive droite, pendant que Napoléon marchait contre Blücher, étaient revenus à Tœplitz.

Sûrs de leur appui, Wittgenstein et Kleist n'avaient pas hésité à se reporter en avant et, dès le 14, c'est-à-dire le surlendemain du retour de Napoléon à Dresde, ils avaient attaqué Saint-Cyr et Lobau.

Napoléon avait prescrit d'élever des ouvrages de fortifications pour appuyer la défense, mais ces ouvrages n'étaient pas encore construits. Les 1er et 14e corps furent donc obligés encore une fois de reculer.

Napoléon, instruit de ces événements le soir même, partit pour Pirna le 15 au matin; c'est ce jour-là qu'il y fit jeter un pont. Son intention était de refouler de nouveau l'armée de Bohême, puis de repasser rapidement l'Elbe pour attaquer Blücher.

Avec ces idées, il fait pousser l'ennemi le 15 de Gieshübel sur Peterswalde et le 16 sur Kulm, tandis que la droite revenait sur le Geyersberg.

Le jour suivant, Napoléon peut constater qu'il a plus de 120,000 hommes devant lui; il s'arrête et même déjà ramène sa garde sur Pirna, mais de sa personne il se montre encore vis-à-vis de l'armée de Bohême et il ne revient à Pirna que le 18, après avoir laissé des instructions précises au sujet de la retraite des corps 1 et 14, qui devra commencer le surlendemain, en défendant le terrain pied à pied.

Dans le même temps il prescrivait à Augereau de se porter de Wurtzbourg sur la Saale (17) pour chasser les partisans et protéger les derrières de l'armée. A Pirna, Napoléon prépare son mouvement contre Blücher. Le 18 au matin la position de ses troupes sur la rive droite est la suivante : à droite, Poniatowski est en arrière de Stolpen, couvrant le débouché de Pirna; les corps de Macdonald sont à Bischofswerda, Harta et Schmiedelfeld ; Marmont est à Grossenhayn. Vis-à-vis de ces forces se trouve l'armée de Silésie, qui s'étend de Camenz à Neustadt, se reliant par sa gauche au corps autrichien de Bubna qui occupe Hohenstein et par sa droite à l'armée du Nord qui, à la suite de la bataille de Dennewitz, s'était étendue vers le sud jusqu'à Elsterwerda.

Dans l'après-midi du 18, Blücher pousse en avant de sa droite une nombreuse cavalerie, et Macdonald, craignant d'être coupé de Dresde, croit nécessaire d'exécuter un nouveau mouvement rétrograde, il fait savoir qu'il pourrait être obligé de se retirer sur Weissig.

Cependant le 19 au matin, la jeune garde passe à Pirna sur la rive droite, se reliant à Poniatowski. C'est le commencement de l'offensive que Napoléon avait projetée contre l'armée de Silésie. Mais le temps, qui devint affreux dans cette journée et le lendemain, amena encore une fois l'Empereur à ajourner l'exécution de ses projets. Il se proposait de reprendre l'offensive le 22, mais ayant reçu, le 21, des dépêches de Ney qui lui disait que Bernadotte passait l'Elbe à Acken et à Roslau, il fut amené encore une fois à changer ses dispositions.

Les renseignements de Ney étaient inexacts, l'armée de Bernadotte qui s'étendait sur une quarantaine de lieues des environs de Magdebourg jusqu'au delà de Torgau, avait bien construit des ponts à Roslau et à Acken, élevé des retranchements à l'embouchure de la Mulde et jeté quelques partis sur la rive gauche ; mais aucune force sérieuse n'avait traversé le fleuve. Cependant les dépêches de Ney amenèrent Napoléon à transformer l'offensive qu'il avait projetée en une simple reconnaissance, dans le but de savoir si Blücher ne filait pas par sa droite pour appuyer le mouvement de Bernadotte. Cette reconnaissance eut lieu le 23 avec les troupes de Macdonald qui trouva encore devant lui toute l'armée de Silésie, mais cette dernière ne devait plus y rester longtemps.

Le moment des grandes déterminations était venu chez les Alliés. Leurs succès répétés, l'impuissance véritable de Napoléon, l'arrivée de nombreux renforts, le soulèvement de l'Allemagne entre l'Elbe et le Rhin avaient singulièrement élevé leur situation matérielle et morale. Déjà très supérieurs en nombre à leurs adversaires depuis le 1er septembre, l'arrivée de l'armée de

Pologne sous Benningsen allait encore augmenter leurs forces de 50,000 hommes.

Cette armée, après avoir passé l'Oder aux environs de Breslau arriva le 13 septembre à Liegnitz et le 17 sur le Bober; le 22 elle se trouvait entre Gœrlitz et Zittau, de sorte que si Blücher eût été attaqué il aurait pu en être rapidement soutenu.

Les Alliés, pensant Napoléon suffisamment affaibli, étaient résolus à en finir par une bataille générale et ils n'attendaient que l'entrée en ligne de Benningsen pour entreprendre des opérations décisives.

Étant donné les procédés que leur adversaire employait contre eux depuis quinze jours, ils auraient pu se proposer de le cerner dans Dresde.

Il est probable qu'ils n'auraient pas réussi et qu'en présence d'une pareille menace le lion se serait réveillé et qu'il aurait réussi à se frayer un passage soit par une rive, soit par l'autre. C'eût été en tout cas un moyen de faire évacuer Dresde, car Napoléon privé de vivres n'aurait pas pu y rester longtemps. Mais les Alliés avaient d'autres vues; décidés à une bataille décisive, ce n'était pas à Dresde qu'ils voulaient la livrer. Ils n'avaient pas perdu de vue leur premier projet consistant à marcher sur Leipzig. Depuis la bataille de Dennewitz, Bernadotte était tellement supérieur aux forces qui lui étaient directement opposées qu'il ne pouvait pas manquer de réussir à passer l'Elbe entre Wittenberg et Magdebourg, pour s'avancer du Nord sur Leipzig, tandis que l'armée de Bohême débouchant par Chemnitz et Zwickau y marcherait de son côté.

D'ailleurs, pour augmenter encore les chances de succès de cette opération, on voulait y faire concourir l'armée de Silésie. D'après les projets de l'état-major de Schwarzenberg, cette armée serait venue rejoindre l'armée de Bohême par le défilé de Zittau, et elle aurait été remplacée devant Dresde par Benningsen. On pense bien que Blücher ne demandait pas mieux que d'arriver à une bataille générale, et que l'idée de réunir presque toutes les forces de la Coalition à Leipzig, en menaçant les communications de Napoléon, était faite pour le séduire; mais il lui convenait peu de perdre son indépendance en marchant avec le généralissime. Il fit observer que l'armée du Nord, livrée à elle-même, n'était pas assez forte, que d'ailleurs Bernadotte manquait d'entrain, et que si l'on voulait être sûr de le voir arriver sur Leipzig, il fallait lui adjoindre lui, Blücher, et qu'alors on serait certain de les voir tous les deux au rendez-vous ; que d'ailleurs, si l'armée de Bohême elle-même avait besoin d'être renforcée, elle n'avait qu'à appeler à elle Benningsen, car dans une opération comme celle que l'on allait entreprendre, où l'on allait jouer son va-tout, il fallait avoir le plus de monde possible sur le théâtre principal de la bataille, et qu'il était absolument inutile de laisser une force importante sur la rive droite de l'Elbe.

Les propositions de Blücher furent admises par l'état-major des souverains, et pour les mettre à exécution, on décida que Benningsen viendrait rejoindre l'armée de Bohême par le défilé de Zittau ; que pendant que ce mouvement s'exécuterait, et pour le couvrir, Blücher resterait vis-à-vis de Dresde ; qu'ensuite il descendrait rapidement le fleuve pour le passer entre Torgau et Wittenberg, tandis que Bernadotte passerait au delà de cette place ; qu'en même temps Schwarzenberg, appuyé par Benningsen, déboucherait de Bohême en Saxe, que tout le monde marcherait sur Leipzig, et que, dès que l'on serait assez rapproché les uns des autres pour être sûr de s'appuyer mutuellement, on rechercherait Napoléon pour engager contre lui une bataille générale.

Tel est le plan qui fut adopté dans les conseils de la Coalition, au milieu de septembre, et dont l'exécution commença sans tarder. Benningsen, venant de Silésie, pénétra dans les gorges de Zittau, tandis que Blücher restait à Bautzen pour le couvrir. Il déboucha à Leitmeritz, en Bohême, le 26 septembre ; aussitôt Blücher, dont la présence vis-à-vis de Dresde n'était plus nécessaire, se mit en mouvement vers le bas Elbe, tandis que Schwarzenberg mettait son armée en marche de Tœplitz sur Commotau.

Quant à Napoléon, il a renoncé à toute opération sur la rive droite ; son attention est attirée sur le bas Elbe ; il sait que Bernadotte n'a pas encore traversé le fleuve, mais Ney persiste à lui signaler des préparatifs de passage.

L'Empereur resserre encore davantage sa position autour de Dresde, en évacuant presque complètement la rive droite, et attendant, pour prendre un parti, que les desseins de ses adversaires se dévoilent.

En somme, pendant cette période du 1er au 25 septembre, la situation de Napoléon, déjà précaire au lendemain de Kulm, n'avait fait qu'empirer. La défaite de Dennewitz n'avait été compensée par aucun succès; ses allées et venues autour de Dresde n'avaient fait qu'user ses troupes sans amener aucun résultat.

Les Alliés, au contraire, ont fait tout ce qu'ils voulaient. Nombreux et confiants dans l'issue de la campagne, ils seront prêts à affronter la lutte décisive, ils la préparent à leur gré. Mais leur décision n'empêche pas leur prudence; leur but est toujours de ne s'engager à fond que lorsqu'ils seront réunis; ils savent qu'avec un adversaire comme Napoléon ils auront bien des difficultés à vaincre pour réussir, qu'il s'en faut que tout soit fini. Et en effet, au 25 septembre ils n'en sont encore qu'au prélude des dernières opérations de la campagne qui doivent aboutir à la bataille de Leipzig.

### 2° *Observations critiques.*

Les dispositions que prend Napoléon le 30 août au matin, alors qu'il ne connaît pas toute la gravité de la défaite de Macdonald, et qu'au lieu de s'attendre au désastre de Kulm il compte que le mouvement de Vandamme va précipiter la retraite de l'armée de Bohême, et la transformer en déroute, sont sans aucun doute fort bien conçues. Se croyant d'une part débarrassé pour un certain temps de la principale armée des Alliés, pensant en même temps que Macdonald est en mesure de tenir tête à Blücher, ou tout au moins de se retirer devant lui, en défendant le terrain pied à pied, il était tout naturel de songer avant tout à opérer vers le Nord en renforçant Oudinot, de manière à être en mesure de reprendre de ce côté une énergique offensive.

L'Empereur pouvait d'ailleurs se dire qu'alors même que Macdonald serait obligé de se retirer jusqu'à Dresde, il n'en résulterait aucun dommage sérieux, puisque la retraite de Schwarzenberg, qu'il supposait de plus en plus accentuée, nous rendait complètement maîtres du pays compris entre l'Elbe et la Saale, et qu'en cas d'une nouvelle tentative de l'armée de Bohême, Vandamme, Saint-Cyr, Marmont et Victor seraient suffisants pour la contenir tout le temps nécessaire.

Mais en apprenant coup sur coup la retraite précipitée et

désordonnée de Macdonald, et le désastre de Vandamme, Napoléon fut nécessairement amené à modifier ses projets.

Au lieu d'avoir une sorte de sécurité dans deux directions sur trois, il pouvait craindre maintenant une attaque sérieuse sur chacune d'elles. Voulant être prêt à résister à la première qui se présenterait, il choisit admirablement une position centrale à Hoyerswerda, d'où il pouvait, suivant les circonstances, secourir Macdonald en retraite de Gœrlitz sur Bautzen en deux jours, dans le même temps revenir sur Dresde, si c'était nécessaire, ou encore marcher sur Luckau pour rallier l'armée d'Oudinot et se porter avec elle sur Berlin.

On ne peut donc que louer l'Empereur d'avoir pris le parti de réunir dans cette portion centrale : Marmont, la cavalerie de Latour-Maubourg et la garde, c'est-à-dire une masse de 70,000 hommes, qui devait produire partout où elle se porterait une supériorité décisive.

Mais, après avoir désigné Ney pour remplacer Oudinot, il semble qu'il n'était pas prudent de le diriger sur Baruth avant de savoir si c'était lui que l'Empereur commencerait par renforcer.

Et, en effet, les nouvelles de plus en plus mauvaises qui arrivaient de l'armée de Macdonald amenèrent Napoléon à l'appuyer de sa réserve.

Il est certain que c'était ce qu'il y avait de mieux à faire ; mais il semble que ce n'était pas une raison pour abandonner l'attaque que, de Hoyerswerda, on pouvait exécuter dans le flanc droit de Blücher, et qu'il n'était pas absolument nécessaire de porter tous les renforts droit sur Bautzen. L'arrivée de Napoléon et de deux divisions de jeune garde auraient suffi certainement à arrêter la retraite, et l'Empereur pouvait disposer du reste·de ses renforts pour manœuvrer par sa gauche, conformément à ses premières intentions.

En outre, après avoir pris toutes les précautions pour cacher son départ de Dresde, il en perdit le bénéfice en faisant attaquer dès le milieu du 4 septembre, en avant de Bautzen, par la cavalerie de Murat, avant l'arrivée des renforts d'infanterie. C'était attirer l'attention de Blücher sur l'imminence d'un prochain retour offensif, avant d'être en mesure de l'exécuter. N'eût-il pas été préférable de rester plus longtemps à Dresde, de se montrer même sur la rive gauche de l Elbe, et de ne partir pour Bautzen que 24 heures plus tard, en s'y faisant précéder par Murat. Alors on avait le moyen de prendre brusquement l'offensive le 5, à la pointe du jour, et malgré la résolution de Blücher d'éviter la bataille contre Napoléon, il ne lui eût peut-être pas été facile d'échapper à ses coups. Dans tous les cas, on avait le moyen de le suivre l'épée dans les reins, et de le rejeter en quelques jours au delà du Bober.

En agissant autrement, Napoléon a montré qu'il n'avait pas encore pénétré le principe même du système d'opérations que les Alliés avaient adopté, et qu'il comptait plus sur la fougue de Blücher que sur sa prudence.

En constatant que ce dernier se dérobait, Napoléon dut éprouver une véritable déception. Mais, était-ce une raison pour renoncer à le suivre? Puisque l'Empereur songeait toujours à reprendre son mouvement sur Berlin, n'était-il pas convenable de commencer par rejeter Blücher jusque sur la Katzbach avant de marcher vers le Nord?

Il semble donc que, dans cette circonstance, l'Empereur n'a pas tiré tout le parti possible des forces qu'il avait réunies sur la rive droite de l'Elbe, dans le voisinage de Bautzen.

Nous dirons, en outre, que sa résolution de ramener sa masse centrale à Dresde, dès qu'il apprit la nouvelle apparition de l'armée de Bohême aux débouchés des montagnes, est encore bien autrement regrettable.

S'il faut en croire Thiers, en revenant sur Dresde, Napoléon ne croyait guère à une nouvelle attaque sérieuse de l'armée de Bohême. Mais alors, que vient-il y faire? L'Empereur commençait à ce moment la série des hésitations, qui malheureusement devaient caractériser ses opérations pendant tout le mois de septembre, et qu'il est bien difficile d'expliquer d'une manière satisfaisante; car il semble que, dans les conditions où il se trouvait, eût-il été certain d'un retour offensif de l'armée de Bohême, il n'en était pas moins convenable de continuer ses opérations sur la rive droite de l'Elbe. Or, en mettant de l'habileté dans l'exécution, il est fort probable qu'il aurait réussi. Le mouvement par lequel Blücher s'était dérobé, le 4, devait suffire à éclairer Napoléon sur les projets de son adversaire. Dès lors, il nous semble qu'il convenait d'essayer de l'attirer à soi, en commençant par reculer un peu, et en se tenant prêt à l'attaquer avec la dernière vigueur. On pouvait, par exemple, s'établir en avant de Bautzen, de Löbau à Weissenberg, en réunissant sur la gauche Marmont et une partie de la garde. On pouvait même engager ostensiblement quelques troupes sur la route de Dresde, en les choisissant de préférence parmi les plus fatiguées de Macdonald, et en les tenant prêtes à faire demi-tour au premier signal.

Pendant que ces mouvements s'exécutaient, Napoléon pouvait revenir de sa personne à Dresde pour arrêter les dernières dispositions à prendre de ce côté, et surtout pour s'y montrer. Dès qu'il était prévenu d'un nouveau retour offensif de Blücher, il partait de manière à l'attaquer le jour suivant, à la pointe du jour. Abordé par 100,000 hommes, Blücher était mené battant pendant plusieurs jours, rejeté au delà de la Katzbach, et Napoléon pouvait ensuite rallier Ney pour opérer contre Bernadotte.

Si ce dernier acceptait la bataille sur la route de Berlin, il était sûr de la perdre; s'il essayait de passer l'Elbe, entre Wittenberg et Magdebourg, ce que, livré à lui-même, il aurait sans doute évité avec le plus grand soin, Napoléon, utilisant les ponts de Wittenberg et de Torgau, pouvait l'atteindre sur la rive gauche avant qu'il ait réussi à joindre Schwarzenberg.

Mais pour conduire résolument de pareilles opérations, il était nécessaire de prévoir ce qui pouvait se passer du côté de Dresde, et d'être bien fixé sur ce qu'il convenait de faire dans les diverses circonstances.

La conduite à tenir dépendait avant tout de l'état de la place de Dresde. Cette place, avec l'appui des corps 2 et 14, soutenus par le 1er qui s'y réorganisait, était-elle capable de résister pendant une quinzaine de jours aux attaques de l'armée de Bohême? Si oui, on pouvait prendre le parti d'y rester pendant que le gros de l'armée opérerait entre l'Elbe et l'Oder. Si non, ou même s'il y avait seulement doute à ce sujet, on devait se résoudre à évacuer cette position.

Dès que Schwarzenberg serait devenu trop pressant, Saint-Cyr passait aussi sur la rive droite, détruisant les ponts et défendant le passage du fleuve.

Il pouvait ensuite soit se relier à Macdonald, soit à Napoléon, en marchant sur Torgau. L'Empereur pouvait donc, sans danger, s'engager à fond contre Blücher et contre Bernadotte. C'était la seule manière de rétablir ses affaires. Au contraire, en abandonnant l'armée de Silésie pour revenir à Dresde, il avait peu d'avantages à espérer, et, en effet, il n'exécute aucune opération importante aux frontières de Bohême.

Il résiste aux sollicitations du maréchal Saint-Cyr, qui voudrait l'entraîner en Bohême et, sur ce point, nous trouvons qu'il avait raison. Outre qu'il n'était rien moins que certain d'y gagner une grande bataille, un pareil mouvement l'aurait entraîné trop loin du théâtre d'opérations qu'il avait préparé.

Nous pensons donc que Napoléon avait de bons motifs de ne pas chercher de ce côté un succès décisif; mais toutes les raisons qui devaient l'en éloigner devaient l'amener à pousser à fond sur Blûcher et à le refouler jusque sur l'Oder, pour se rabattre ensuite sur Berlin.

Puis, après avoir battu successivement l'armée de Silésie et celle du Nord, il pouvait revenir sur l'armée de Bohême, soit par Dresde, soit par Torgau.

Grâce aux ponts que nous avions seuls sur l'Elbe, il n'est pas admissible que Blûcher ait pu revenir à temps pour appuyer Schwarzenberg, car il eût été fortement secoué et contenu, d'ailleurs, par les forces que l'on aurait laissées devant lui. Nous croyons donc que Napoléon, même après Kulm, pouvait encore se tirer d'affaire à la condition d'opérer rapidement et résolument. Ce qui s'est passé ne suffit pas pour soutenir le contraire puisque, dans aucun cas, Napoléon n'a attaqué d'une manière sérieuse et que, chaque fois, après avoir pris le contact d'un de ses adversaires, il l'abandonne sans lui avoir causé le moindre dommage. Dans tous les cas, ce qui est certain c'est qu'il n'y avait pas d'autre procédé à suivre pour pratiquer avec succès le système des lignes intérieures.

Il est manifeste en effet que, dans l'emploi de ce système d'opérations, s'il faut éviter d'attaquer partout à la fois comme avait fait Napoléon pendant la première période des hostilités, non seulement on doit toujours attaquer quelque part, mais il est nécessaire de pousser ses attaques à fond; ce n'est qu'à cette condition que l'on peut tirer profit des manœuvres que l'on exécute. Si, au contraire, on se contente de s'opposer aux diverses attaques de l'ennemi sans l'affaiblir par une bataille, on ne fait que fatiguer ses propres troupes sans obtenir aucun résultat utile. Or c'est justement ce système de navettes sans résultat que Napoléon a commencé à pratiquer au début de septembre, et dans lequel il devait persister pendant plus de trois semaines, malgré l'avortement de toutes ses tentatives.

Aussi il n'y a qu'un seul événement important pendant cette période : c'est la défaite de Ney à Dennewitz. Malgré les fautes que l'on peut imputer à ce maréchal, il est certain que Napoléon est l'auteur principal de cette nouvelle défaite.

Il aurait dû éviter de lancer le prince de La Moskowa sans appui sur la route de Berlin, car il ne suffisait pas de le substi-substituer à Oudinot pour donner à l'armée française la supériorité qui lui avait manqué à Grossbeeren. Napoléon savait bien que Ney, si brillant sur le champ de bataille, n'avait pas les qualités nécessaires à un chef d'armée.

On peut dire, il est vrai, qu'il avait l'intention d'appuyer Ney ; mais il aurait dû lui prescrire formellement de ne pas accepter la bataille avant l'arrivée des renforts qui lui étaient annoncés, tandis qu'il lui a donné rendez-vous sur un point où le maréchal ne pouvait arriver qu'après avoir déjà battu l'ennemi, et alors qu'il avait déjà renoncé lui-même à y porter sa réserve.

Cette défaite aggravait encore la situation, car Ney n'allait même plus être capable de contenir Bernadotte. Napoléon s'en rendait compte mieux que personne, cependant il reçut l'annonce de ce nouveau malheur avec le plus grand calme, sans récriminer contre son lieutenant, se contentant de mettre en relief les fautes qu'il avait commises sur le champ de bataille par une critique aussi claire que juste et précise, mais sans le moindre mouvement d'humeur et en attribuant ces fautes aux difficultés de l'art de la guerre dont les principes, disait-il, étaient loin d'être connus.

C'est à Pirna, où il était rentré le 8 au soir, revenant des frontières de Bohême, qu'il put exposer ses observations en présence de Murat, de Berthier et de Saint-Cyr, et bientôt élargissant le sujet, ce fut l'occasion de ce célèbre entretien sur les principes de l'art de la guerre, que ce dernier a rapporté dans ses Mémoires, et où Napoléon se laissa aller à traiter le sujet avec une entière liberté d'esprit et à un point de vue purement théorique, comme si ses propres intérêts n'étaient pas en jeu au moment même et n'avaient pas dépendu de l'application de ces principes. Napoléon soutenait que, s'il en avait le temps, il ferait un livre dans lequel il démontrerait les principes d'une manière si précise qu'ils seraient à la portée de tous les militaires, et qu'on pourrait apprendre la guerre comme on apprend une science quelconque. Murat et Berthier se contentaient d'écouter, et pour cause ; mais Saint-Cyr était de taille à soutenir la controverse. Il n'hésita donc pas à dire que, sans doute, la composition d'un tel livre était fort à désirer, mais que, pour lui, il avait toujours douté que quelqu'un pût faire un pareil travail, reconnaissant toutefois que, si c'était possible, aucun n'avait plus de droits que Napoléon à y prétendre. Il ajouta d'ailleurs qu'à son avis la pratique non plus n'était pas suffisante pour acquérir cette science ; que, notamment, les généraux de la Révolution, amis ou ennemis, n'avaient guère appris par l'expérience et que lui, Napoléon, en particulier, avait fait son chef-d'œuvre en 1796. L'Empereur reconnut que c'était vrai, ajoutant que parmi les grands capitaines, Turenne seul s'était perfectionné avec l'âge.

Pour nous qui cherchons surtout à nous rendre compte de la valeur des principes de l'art de la guerre, il est certain que rien n'est plus intéressant que cet échange d'idées entre deux militaires aussi expérimentés que les deux interlocuteurs. Il est en même temps curieux de voir qu'après vingt ans de guerre, ils soient arrivés à se faire des idées en apparence complètement opposées.

Mais, si l'on y réfléchit, on est amené à se dire que leur contradiction provenait de ce qu'ils ne parlaient pas de la même chose. Napoléon parlait des principes, Saint-Cyr de leur application ; le premier de la conception des opérations, le second de leur exécution et, dans le fait, ils avaient raison tous les deux, chacun à son point de vue.

Les principes existent, comme le prétendait Napoléon, et doivent servir de base à toutes les combinaisons ; mais leur application est difficile, et c'est ce qui exige les aptitudes naturelles auxquelles rien ne peut suppléer, comme le soutenait Saint-Cyr. Ils se seraient entendus s'ils avaient davantage creusé le sujet, ou s'ils avaient eu un intermédiaire comme Jomini, qui n'était supérieur ni même égal à beaucoup près à l'un ni à l'autre comme général, mais qui avait réfléchi plus qu'aucun des deux sur la théorie de la guerre. Par ce temps de luttes incessantes on n'avait pas le loisir de s'appesantir sur les doctrines; chacun ne pouvait qu'utiliser pour le mieux les facultés qu'il avait reçues de la nature ou le fruit de son expérience. De sorte qu'à notre avis les opinions de Napoléon et de Saint-Cyr n'étaient opposées qu'en apparence. On peut ajouter que les événements qui se déroulaient au moment même auraient donné beau jeu à Saint-Cyr, si, après avoir rappelé la campagne de 1796, la bienséance lui avait permis de la comparer à celle de 18.3. Il n'a sûrement pas manqué de faire cette comparaison en lui-même, mais il se serait d'autant mieux gardé d'y faire la moindre allusion que Napoléon dissertait avec autant d'affabilité que de naturel, se montrant, dit le maréchal, aussi calme que s'il s'était agi de la Chine, et cependant tout cela était dit à l'occasion de la défaite de Dennewitz.

Il faut admirer sans aucun doute cette élévation d'esprit de Napoléon; mais malheureusement, tandis qu'il jugeait d'une manière si lumineuse les opérations des autres, il ne paraissait pas disposé à rien faire pour échapper aux dangers dont lui-même était menacé.

Après comme avant Dennewitz, il voulut appuyer ses opérations sur la place de Dresde, et, ayant fait une nouvelle tentative infructueuse contre l'armée de Bohême, il ne trouva rien de mieux à faire que de resserrer sa position autour de cette place. On doit reconnaître que la position d'observation qu'il prend au milieu du mois de septembre était admirablement choisie, mais il est clair qu'il ne pouvait en tirer profit qu'à la condition d'être résolu à en sortir à bref délai pour se ruer avec toutes ses forces contre l'un de ses adversaires.

Au contraire, l'Empereur paraît disposé à rester indéfiniment dans cette position, se contentant de se montrer tantôt d'un côté, tantôt de l'autre, mais sans prononcer nulle part aucune attaque sérieuse. Il observe, il médite, il combine chaque jour de nouveaux plans, mais n'en exécute aucun.

On est confondu en pensant qu'une pareille détermination ait pu entrer un instant dans l'esprit de Napoléon. N'est-ce pas lui qui a écrit que la *victoire est aux armées qui manœuvrent; que la force d'une armée est dans sa vitesse autant que dans sa masse.* Et malgré les brillants succès que lui avait procurés tant de fois l'application de ces principes, le voilà amené à les renier. Il en était donc arrivé à croire que tout ce qui était interdit aux autres lui était permis, et il ne pouvait entrer dans son esprit que ses adversaires aient pu profiter des leçons qu'il leur avait données. On comprend que l'impuissance des mouvements de navette qu'il exécutait depuis 15 jours l'en ait dégoûté; mais ce n'était sûrement pas en se confinant dans une position fortifiée autour de Dresde qu'il retrouverait la victoire.

Même après Dennewitz, nous croyons que le mieux était encore de prendre l'offensive sur la rive droite de l'Elbe, dans le but d'attaquer successivement l'armée de Silésie et l'armée du Nord; alors Ney, rejeté sur l'Elbe, aurait rejoint Napoléon marchant sur Berlin en débouchant de Torgau au moment voulu.

Mais cette opération était surtout opportune et même indispensable à la suite du dernier mouvement que Napoléon avait exécuté aux défilés de la Bohême du 15 au 17 septembre. Après y être venu à trois reprises, il n'avait pu qu'y constater son impuissance. Ses forces s'épuisaient par ces allées et venues inutiles; il ne pouvait plus sortir de la situation dans laquelle il s'était mis qu'en prenant une résolution énergique. Dès ce moment il est certain qu'il aurait dû songer à se rapprocher du Rhin; mais il pouvait le faire en conservant d'abord une attitude offensive, et pour cela il suffisait de déboucher en masse de Dresde par la rive droite et de bousculer Blücher, ce qui était possible même en le supposant soutenu par l'armée de Pologne de Benningsen; car Napoléon pouvait les attaquer avec plus de 130,000 hommes. Ce résultat obtenu, il convenait de pousser une cinquantaine de mille hommes sur l'Oder pour dégager les places de Glogau, de Custrin et de Stettin et en ramener les garnisons sur l'Elbe. En même temps on évacuait Dresde, mais en revanche on occupait Berlin, et toute l'armée française eût été réunie sur la rive droite de l'Elbe entre Torgau et Wittenberg, en mesure de continuer sur Magdebourg si c'eût été nécessaire; mais il est bien possible qu'en ne voyant dans l'opération que je viens d'indiquer qu'une mesure de sécurité, on ait trouvé le moyen d'obtenir de grands succès capables de rétablir complètement nos affaires. L'opération n'était d'ailleurs pas exempte de difficultés, et il est nécessaire de s'y arrêter pour voir comment il était possible de les surmonter.

Napoléon débouchant de Dresde avec les corps de Macdonald

renforcés de Marmont, de Poniatowski, de la garde et des 1er et 4e corps de cavalerie, laissait d'abord dans la capitale de la Saxe, Saint-Cyr avec les 1er et 14e corps et la cavalerie de Pajol.

En même temps Victor, resté depuis la bataille de Dresde aux environs de Freyberg, était rappelé à Meissen sur l'Elbe. Quand Blücher eut été refoulé au delà de Bautzen et de Gœrlitz, Poniatowski reprenait sa position de Zittau pour relier Napoléon à Saint-Cyr par le sud, tandis que Victor, porté sur Hoyerswerda, assurait la même liaison par le nord de la route principale de l'armée. Napoléon, continuant son mouvement, rejetait ensuite Blücher au delà de la Katzbach. Une fois ce résultat obtenu, Macdonald, avec les 5e et 11e corps et la cavalerie de Sébastiani, était porté sur Glogau, puis sur Custrin pour dégager ces places et en recueillir les garnisons, ainsi que celle de Stettin ; tandis que Napoléon, revenant sur Goerlitz avec la garde, laissait Marmont en observation vis-à-vis de Blücher, avec les 3e et 6e corps et la cavalerie de Latour-Maubourg, en lui prescrivant, en cas de nécessité, de se replier dans la direction de Torgau.

Tous ces mouvements étaient faciles à exécuter, si l'on ne considère que les forces que Napoléon pouvait rencontrer en marchant, comme je viens de le dire, de l'Elbe sur l'Oder ; mais pour embrasser l'opération sous toutes ses faces et en apprécier les difficultés, il faut se demander ce qui pouvait se passer sur l'Elbe pendant que Napoléon s'en éloignait. Il n'y aurait laissé que Saint-Cyr avec 35,000 hommes à Dresde, Ney avec un pareil nombre entre Torgau et Wittenberg, pouvant être au besoin soutenus par Victor.

Or, ces forces avaient devant elles l'armée de Bohême et celle du Nord, qui pouvaient les attaquer soit par la rive droite, soit par la rive gauche de l'Elbe.

Quatre cas étaient à considérer suivant que ces deux armées attaqueraient par la même rive (droite ou gauche) de l'Elbe ou par des rives différentes :

1° Si elles opéraient toutes les deux par la rive gauche, Saint-Cyr et Ney, passaient sur la rive droite, attiraient à eux les forces qui auraient pu être laissées en observation à Leipzig et qui auraient compris le corps de Margaron, la division de Dombrowski et la division de cavalerie Lorge, sous les ordres supérieurs du duc de Padoue. Puis Saint-Cyr évacue Dresde et rallie Ney en descendant l'Elbe. Leur réunion aurait formé une armée de 80,000 hommes que Victor et Poniatowski pouvaient porter à 110,000 hommes. Une pareille force était en mesure de tenir en éche·· l'armée de Bohême et celle du Nord, en attendant le retour de Napoléon, grâce à l'appui qu'elle pouvait trouver dans les places de Torgau et de Wittenberg.

2° Si Bernadotte opère seul sur la rive gauche, l'armée de Bohême passant sur la rive droite au-dessus de Dresde, de manière à couper Napoléon de Saint Cyr, ce dernier débouche sur la rive gauche et rallie Ney et les troupes de Leipzig pour attaquer l'armée du Nord; après l'avoir battu ils reviennent par Wittenberg au-devant de Napoléon, qui rallie de son côté Poniatowski et Victor.

3° Si les deux armées alliées opéraient d'une manière inverse, c'est-à-dire Bernadotte par la rive droite et Schwarzenberg par la rive gauche, ce qui était plus rapide en raison de leurs positions initiales, Saint-Cyr évacue Dresde en sortant par la rive droite et rallie Ney et Victor pour livrer bataille à l'armée du Nord; ensuite la jonction avec Napoléon est facile sur la route de Berlin.

En somme, ces trois éventualités ne présentaient pas de bien grandes difficultés, mais la quatrième pouvait être plus dangereuse.

4° Bernadotte et Schwarzenberg opérant simultanément par la rive droite de manière à se réunir entre Napoléon et l'Elbe, Saint-Cyr et Ney ne sont pas assez forts pour empêcher ce mouvement, et s'ils voulaient se réunir pour attaquer Bernadotte, ils risqueraient d'être pris sans ressources entre les deux armées ennemies. Dans ce cas, tandis que Ney harcèlera l'armée du Nord en s'appuyant sur Torgau, Saint-Cyr, évacuant toujours Dresde, descendra l'Elbe par la rive gauche, ralliera Ney et le duc de Padoue à hauteur de Torgau, et tous ensemble déboucheront de Wittenberg pour marcher au-devant de Napoléon par Berlin, en prenant leurs communications sur Magdebourg; pendant ce temps l'Empereur, ayant rallié Poniatowski et Victor, marche aussi sur Berlin en descendant l'Oder par la rive gauche avec toutes ses forces.

Ainsi, dans cette éventualité qui nous paraît la plus redoutable, les forces françaises, après avoir recueilli les garnisons de l'Oder, sont encore en mesure de revenir toutes réunies sur Magdebourg ; car dans tous les cas Marmont et Macdonald doivent se rallier à Napoléon sur la route de Berlin.

En résumant cette discussion, je dirai qu'en vue des éventualités possibles on devait arrêter les dispositions suivantes :

Si l'armée du Nord et l'armée de Bohême opéraient par des côtés différents de l'Elbe, Saint-Cyr et Ney se réunissaient pour attaquer la première en se dérobant à la seconde, puis marchaient au-devant de Napoléon.

Si les deux armées ennemies opèrent du même côté et que ce soit sur la rive gauche, on leur souhaite bon voyage et on se tient prêt à rallier Napoléon ; si c'est sur la rive droite, on descend la rive gauche et l'on va au-devant de Napoléon par Wittenberg et Berlin.

La condition essentielle de toutes ces manœuvres était l'abandon éventuel de Dresde, qu'il fallait être prêt à évacuer au premier mouvement dangereux de l'armée de Bohême, afin d'éviter d'y être bloqué.

J'ajouterai que, pour compléter les dispositions à prendre, Napoléon, renonçant à ses communications par Leipzig, devait attirer sur Magdebourg tous les renforts qu'il pouvait appeler à lui, et notamment la partie principale du corps de Davout et aussi celui d'Augereau ; de sorte qu'en se rapprochant de cette grande place il y aurait trouvé un renfort de 50,000 hommes.

Telle est, croyons-nous, la solution complète du problème que Napoléon avait à résoudre vers le milieu du mois de septembre pour se dégager de l'étreinte dont il était menacé, et pour se reporter sur le Rhin, tout en recueillant les garnisons qu'il avait laissées sur l'Oder, et qui, dans ces places dont il ne pouvait plus se rapprocher que momentanément, ne pouvaient plus lui être utiles. Or, nous pensons que les Coalisés n'étaient pas en mesure d'empêcher le succès de cette opération, parce que Napoléon avait tous les passages de l'Elbe et de l'Oder, et par suite les moyens de se dérober en cas de besoin à des forces supérieures.

Il convenait de se dire d'ailleurs que plus on attendrait, plus on aurait de difficultés à vaincre, en raison de l'accroissement incessant des forces de la Coalition et du soulèvement de l'Allemagne, tandis que nos ressources s'épuisaient de jour en jour; mais nous croyons que, pendant le mois de septembre, Napoléon avait encore toutes les chances pour lui.

A la suite de l'opération que nous venons d'indiquer, il se serait retrouvé entre Berlin et Magdebourg à la tête de 300,000 hommes et l'on ne sait le parti qu'il aurait pu tirer d'une pareille situation.

Toutefois, comme l'Allemagne tout entière se soulevait derrière lui, nous sommes d'avis que tout en cherchant l'occasion d'une bataille avantageuse, il fallait surtout songer à se rapprocher du Rhin. Nous croyons qu'à ce moment des opérations, la campagne était perdue pour nous; elle n'aurait pu tourner à notre avantage que pendant la première période si l'on avait évité Grossbeeren, la Katzbach et Kulm.

Après ces défaites, le mieux était de renoncer à l'Allemagne ; mais si, non contents de ce résultat, nos ennemis avaient voulu nous suivre sur le Rhin, nous ne mettons pas en doute que Napoléon, replié sur lui-même et ayant l'appui de la France, leur aurait fait payer cher leur audacieuse témérité.

Il est d'ailleurs plus que probable que les Alliés, n'ayant pas encore pris décidément le dessus, s'ils avaient vu Napoléon disposé à revenir sur le Rhin, lui auraient fait un pont d'or, et qu'ils lui auraient accordé une paix satisfaisant les aspirations légitimes de la France, en lui reconnaissant non seulement ses frontières naturelles du Rhin et des Alpes, mais même quelques beaux apanages en Italie et en Allemagne.

Il suffisait pour cela que l'Empereur fût amené à faire quelques concessions en modérant ses exigences. Les difficultés qu'il venait de rencontrer depuis la reprise des hostilités auraient dû l'y conduire s'il avait été capable de quelque sagesse.

Malheureusement, il était encore loin d'entrer dans cette voie et il ne devait s'y engager que lorsqu'il n'aurait plus les moyens de soutenir ses droits. Au milieu de septembre, il était encore résolu à ne rien céder de ses exigences et, n'ayant pu obtenir de succès décisifs contre ses ennemis, s'il tenait néanmoins à rester à Dresde, c'était sans doute moins en raison des avantages militaires qu'il croyait trouver dans l'occupation de cette position, que pour affirmer sa puissance et défier, pour ainsi dire, ses adversaires en leur montrant qu'ils n'étaient pas capables de l'en chasser.

Il subissait la domination de sa nature intraitable et était ainsi amené à commettre une faute militaire capitale.

Mais en abordant le rôle de Dresde dans cette campagne, nous touchons au point délicat des opérations de Napoléon, à celui sur lequel il s'est trompé d'une manière assez grave pour que toutes ses manœuvres en fussent frappées d'impuissance. Cela tient à ce que le rôle de Dresde, tel que Napoléon l'avait compris, se trouvait relié intimement à la pratique du système d'opérations par lignes intérieures qu'il voulait suivre. Il faut remarquer, en effet, que ce système d'opérations repose avant tout sur une grande mobilité. Ainsi que je l'ai déjà dit, s'il est nécessaire de n'attaquer que sur un seul point à la fois, il ne l'est pas moins, sur la direction que l'on a choisie, de pousser son attaque à fond, et pour que le succès que l'on peut en attendre ne soit compensé par aucune défaite, il faut, dans les autres directions, être prêt à céder le terrain.

Cette manière de procéder convenait surtout, en 1813, vis-à-vis de la résolution des Alliés de se dérober à Napoléon lui-même et d'attaquer ses lieutenants; le mieux était de riposter par les moyens inverses en prescrivant aux maréchaux de céder là où l'Empereur n'était pas, tandis qu'il prononcerait une vigoureuse offensive avec sa masse principale. Dans de telles conditions, c'était un grand avantage que d'avoir des communications sûres et faciles, permettant de se dérober aux uns pour réunir rapidement contre d'autres des forces considérables.

Or, il est certain que Napoléon, en s'établissant sur l'Elbe, était bien pénétré de cet avantage.

Comme nous l'avons fait remarquer, non seulement ce fleuve était une base d'opérations où il avait réuni tous les moyens de vivre et de combattre; mais grâce aux places fortes qu'il possédait toutes, il pouvait aisément passer d'une rive à l'autre. Torgau, Wittenberg, Magdebourg étaient des positions dont la possession lui était précieuse à ce double point de vue.

Afin de donner à ses opérations toute l'ampleur qu'il projetait, Napoléon jugea que ces trois places étaient insuffisantes, et il voulut créer aux deux extrémités de son échiquier stratégique, à Dresde et à Hambourg, deux nouvelles positions fortifiées. Mais il est clair qu'en raison même de leur improvisation ces places ne pouvaient posséder les propriétés des ouvrages permanents. La propriété principale de la fortification permanente est de permettre de tenir une position importante avec peu de monde; plus elle est forte, moins elle exige de troupes pour être défendue et inversement. Il en résulte que, tandis que Napoléon pouvait tenir Magdebourg et Torgau avec des garnisons restreintes, il ne pouvait garder Dresde et Hambourg qu'avec de gros corps d'armée. Et encore n'était-il pas sûr que cela fût suffisant; car c'est la crainte de voir Dresde enlevé à Saint-Cyr à la fin d'août qui une première fois l'avait empêché de rejeter Blücher jusque sur l'Oder et d'exécuter sa manœuvre par Kœnigstein, et c'est la même inquiétude qui, le 5 septembre, l'empêchait de donner suite à son projet d'opération sur la rive droite de l'Elbe. De sorte qu'en s'attachant à conserver Dresde à tout prix, mais sans pousser aucune attaque sérieuse, non seulement il ne tirait aucun avantage de cette position, mais c'était la cause même de son impuissance. De plus, devant sa résistance presque passive, ses adversaires auraient pu se proposer de le cerner. C'est sans doute ce qui serait arrivé avec tout autre général qui aurait pris une semblable attitude, car depuis la bataille de Dennewitz la moitié de l'armée de Bernadotte suffisait pour couvrir Berlin et, par l'arrivée de Benningsen, les Alliés auraient pu réunir 300,000 hommes autour de Dresde et y trouver la solution qu'ils ont recherchée à Leipzig.

Quant aux lignes intérieures, elles n'ont plus rien à faire dans de pareilles circonstances, ou plutôt elles perdent tous leurs avantages pour ne présenter que des inconvénients. Comme M. de Moltke devait l'expliquer plus tard, pour en tirer parti, il faut que l'armée qui s'en sert ait de l'espace devant elle, de manière à battre une fraction de l'ennemi avant l'arrivée du reste; tandis qu'une fois investi, on est à peu près sûr de les avoir toutes ensemble sur les bras.

Sans compter que l'armée enveloppante, tout en avançant, peut se fortifier de manière à permettre aux corps attaqués de résister en attendant l'appui des corps voisins. L'avantage de posséder un pont à Dresde n'aurait pas suffi à compenser ces inconvénients, car les Alliés en auraient eu également en amont et en aval de la place.

Dans ces conditions, il n'y aurait donc eu qu'une mesure de salut, c'était de se faire jour avant que l'investissement fût terminé; car l'insuffisance des vivres ne permettait pas d'y rester longtemps, et c'était assurément une grave faute que de se laisser acculer à une pareille nécessité. Autrement Napoléon aurait pu être cerné comme Frédéric à Bunzelwitz, avec cette différence que le roi de Prusse ne l'avait pas fait exprès et qu'il ne s'était retiré dans ce camp que pour éviter un désastre, tandis que rien ne forçait Napoléon à rester à Dresde, si ce n'est son orgueil indomptable. Mais au point de vue purement militaire, il commettait une faute capitale.

A cette époque, la théorie des pivots stratégiques, dont l'application nous a été si funeste en 1870, n'était pas encore faite.

Ce n'est que plus tard que le général Rogniat devait lui donner naissance et que le général Brialmont l'a complétée et perfectionnée avec tant de complaisance. Napoléon a réfuté lui-même les théories du général Rogniat.

« Ce système de fortification, dit-il, semble tracé par un officier de hussards. » Et plus loin : « Ce serait un mauvais parti que de s'enfermer dans un camp retranché sur les derrières de l'envahisseur; on courrait risque d'y être forcé ou d'y être au moins bloqué et réduit à se faire jour l'épée à la main pour se procurer du pain et des vivres ».

Mais quand Napoléon écrivit ces lignes il était à Sainte-Hélène, bien revenu de ses idées de domination européenne et affranchi de ses passions politiques; il jugeait en véritable homme de guerre. Sans doute il se rendait compte de l'influence funeste qu'avait eue la place de Dresde en 1813, car ce qu'il proscrivait par les lignes que nous venons de citer, c'était justement ce qu'il avait fait lui-même. Mais ce qui ne manque pas d'originalité c'est que d'autres n'ayant pas analysé les causes de la défaite de l'armée française, ont trouvé dans ces évènements la justification de la théorie des pivots stratégiques, et c'est notamment ce qu'a essayé de faire le général Brialmont dans un de ses derniers ouvrages [1].

---

[1] Voir *Les Régions fortifiées*, p. 14 et suivantes.

J'ai déjà dit plusieurs fois dans mes écrits que la théorie des pivots stratégiques était, à mon avis, la plus grande erreur militaire des temps modernes; aussi ai-je pris le parti de ne jamais manquer une occasion de la combattre.

C'est pour cela que j'ai publié il y a un peu plus de deux ans la brochure intitulée : *Fallait-il quitter Metz en 1870 ?* et c'est pour cela également que

« L'utilité des places à camp retranché, dit-il, ressort clairement du rôle que joua Dresde dans la campagne d'automne de
1813. Comme cette place renfermait d'énormes approvisionnements et qu'elle occupait un point stratégique d'une grande importance, Napoléon ordonna de la mettre en état de défense.
Grâce à cette place improvisée, il put opérer avec des forces
notablement inférieures à celles de l'ennemi, contre trois armées
commandées par Bernadotte, Blücher et Schwarzenberg ».

Pour répondre à ces observations je dirai d'abord que l'importance de la position de Dresde provenait surtout du rôle que
Napoléon lui avait assigné, en raison des opérations qu'il voulait entreprendre, mais qu'en somme elle n'était pas absolument
indispensable à la conduite de la guerre. Sans doute il était désirable de l'occuper afin de surveiller les débouchés de la Bohême,
d'avoir près de ces débouchés un passage assuré sur l'Elbe et de
pouvoir y réunir des approvisionnements et des hôpitaux.

Mais pour remplir ce rôle, un camp retranché n'était pas nécessaire, il aurait fallu une bonne place capable de résister à une
attaque sérieuse et de dimension restreinte.

Les camps retranchés destinés à appuyer les armées d'une
manière prolongée sont toujours mauvais, alors même qu'ils sont
organisés au moyen de la fortification permanente, car il arrive
presque toujours qu'au lieu de faciliter les mouvements des armées ils ne servent qu'à les immobiliser. Mais ils sont surtout
dangereux lorsqu'ils sont formés d'ouvrages du moment, parce
qu'alors non seulement les armées sont tentées d'y rester, mais
de plus on ne peut conserver la position qu'à la condition d'y
laisser des forces considérables.

En 1813, Napoléon ne pouvant faire de Dresde une véritable
place forte, n'aurait pas dû chercher à s'y attacher d'une manière
prolongée ; il aurait dû être toujours prêt à l'évacuer dès que la
tournure des événements l'amenait à porter dans une autre région
ses principales opérations. Son erreur a été de vouloir conserver
cette position malgré tout et alors même qu'il n'en tirait plus
aucun service, et c'était le cas au milieu du mois de septembre,
car non seulement elle ne lui a plus été d'aucune utilité pour pro-

---

j'ai cru utile d'étudier le rôle de Dresde en 1813 avec tous les développements
nécessaires.

A. O.    7

noncer une offensive sérieuse, soit sur une rive, soit sur l'autre de l'Elbe, mais il n'y avait même plus les subsistances nécessaires à la nourriture de son armée.

Il faut remarquer d'ailleurs que Napoléon en organisant les défenses de Dresde n'avait pas au début l'intention d'en faire un pivot stratégique. Dans une note du 28 juin, après avoir exposé comment il entend l'organisation de ces ouvrages, il ajoute :

« Tout cela fini, il paraît évident qu'on pourrait regarder Dresde comme une place forte, non pas en abandonnant l'Elbe, mais tant que l'armée serait en avant de ce fleuve. Il n'y aurait ni troupes légères, ni corps de cavalerie, ni partis ennemis qui pourraient forcer ces fortifications. J'aurais alors une place pour recevoir les dépôts, les hôpitaux, les magasins, les voitures de toute espèce ».

Il est certain que dans ces limites Dresde ne pouvait rendre que de grands services ; malheureusement, Napoléon s'est laissé aller à lui en demander bien d'autres qu'elle ne pouvait pas lui rendre.

Cependant, d'après le général Brialmont, la position de Dresde aurait permis à Napoléon de lutter longtemps contre des forces supérieures. Mais quel a été le caractère et le résultat de ces opérations ? L'impuissance et l'épuisement de l'armée française, même avant qu'elle ait livré la bataille décisive. D'ailleurs, les observations de M. Brialmont à ce sujet reposent sur des données passablement inexactes. En n'attribuant à Napoléon que 330,000 hommes il lui fait tort d'au moins 50,000 hommes. Je sais qu'il y a plusieurs manières d'évaluer les forces d'une armée suivant que l'on compte l'effectif total ou seulement les présents. Le chiffre de 425,000 hommes donné par Camille Rousset et qui diffère peu des états de situation de Berthier, est sans doute supérieur à la réalité. Thiers dit 387,000.

L'important est d'apprécier les armées en présence en se mettant au même point de vue et en cherchant seulement l'exactitude à quelques mille hommes près. D'après la plupart des écrivains, on peut admettre en chiffre rond que Napoléon avait 400,000 hommes contre 500,000 hommes, et ce n'était pas une disproportion effrayante. Frédéric a conduit la guerre de Sept ans sur le même théâtre d'opérations dans des conditions d'infériorité bien autrement sensibles au point de vue numérique. Il ne semble donc pas que la possession de Dresde ait rendu à Napoléon de réels services et, en constatant les résultats, on est conduit à penser, au contraire, qu'il aurait mieux fait de chercher d'autres appuis.

Le général Brialmont compare encore le rôle de Dresde, en 1813, à Vérone en 1796. Il oublie sans doute que Napoléon leur a demandé des services opposés. En Italie, il n'a pas manqué, en effet, d'évacuer Vérone à la première attaque de Wurmser et cela fut la condition de la victoire de Castiglione; tandis qu'en s'attachant à Dresde et en y laissant jusqu'à la fin 30,000 hommes, il a été conduit à Leipzig. Si ensuite, en 1796, Napoléon a conservé Vérone, c'est qu'il n'était plus menacé sur ses derrières; au moment d'Arcole et de Rivoli, il luttait en avant de la place et, dès lors, il n'avait plus aucune raison de l'évacuer.

Le rôle de Dresde, en 1813, loin d'être un appui pour la théorie des pivots stratégiques, en est, au contraire, la condamnation formelle. Cela n'empêche pas l'utilité des places fortes, et les inconvénients de Dresde auraient disparu si, au lieu d'ouvrages imprévus, on y avait eu des ouvrages permanents.

Dans ces conditions, non seulement la place n'eût pas été un danger, mais elle pouvait rendre de réels services, à la condition toutefois de n'en pas faire un pivot stratégique, c'est-à-dire de ne pas s'y attacher avec des forces importantes; autrement, malgré la valeur de la fortification, elle aurait été aussi nuisible qu'avec celle qui existait.

Voilà à quelle conclusion conduit l'étude de la campagne de 1813 et si en France on avait approfondi les causes de la défaite de l'armée française, on n'aurait pas laissé s'introduire dans notre pays les doctrines qui nous ont été si funestes en 1870. Car, après tout, le rôle qu'a demandé Bazaine à Metz, en 1870, a bien des rapports avec celui que Napoléon voulait faire jouer à Dresde en 1813; et quand on se rappelle les résultats de la campagne de Saxe, on n'a pas besoin d'avoir recours à la trahison pour expliquer la ruine de l'armée du Rhin. Elle a capitulé comme avait fait Kléber à Mayence, Masséna à Gênes, Saint-Cyr à Dresde et comme aurait pu faire autour de cette place le gros de l'armée française si elle eût eu à sa tête un chef de moins de prestige que Napoléon, et que les Alliés l'y eussent attaqué au lieu d'aller chercher la décision dans les plaines de Leipzig.

En assignant à Dresde, place improvisée, un rôle dont les

places permanentes sont seules capables, Napoléon avait donc trouvé le moyen de paralyser toutes ses opérations. En voulant conserver cette position malgré l'imperfection de ses défenses, il s'était attaché un boulet qui lui ôtait la liberté de mouvement indispensable à ses manœuvres. Craignant toujours d'être rappelé à Dresde, il n'avait exécuté aucune attaque sérieuse capable de l'en éloigner.

Or, Napoléon ne semble pas avoir été convaincu que l'insuccès de toutes ses manœuvres provenait de ce qu'aucune d'elles n'avait été poussée à fond ; autrement, il aurait compris rapidement que le vice fondamental de sa situation résidait dans le rôle qu'il avait attribué à Dresde, et qu'en s'y attachant, il perdait tout le bénéfice de l'emploi des lignes intérieures.

Au lieu de battre successivement les armées qui lui étaient opposées en accentuant leur séparation, il les laissait manœuvrer à leur gré et combiner leurs opérations avec d'autant plus de sécurité qu'elles se rapprochaient davantage l'une de l'autre.

En outre, en leur laissant l'initiative de tous leurs mouvements, il élevait leur moral en développant chez eux cette idée que ce n'était plus lui qui conduisait la guerre, mais qu'il était obligé de la subir comme eux-mêmes voulaient la faire. Ainsi pénétrés de leur supériorité, sachant jusqu'à quel point Napoléon s'était affaibli depuis un mois, ils en étaient arrivés à ne plus redouter une bataille générale et même à la rechercher.

L'entrée en ligne de l'armée que Benningsen amenait de la Pologne les conduisit à entreprendre des opérations décisives en prenant pour objectif Leipzig sur les derrières de Napoléon. L'Empereur, de son côté, était loin de vouloir éviter la lutte ; depuis plus de 15 jours, il sentait bien qu'une grande bataille était la seule manière de rétablir ses affaires, mais il avait laissé échapper toutes les bonnes occasions. Du 20 au 25, il était encore temps de se jeter sur l'armée de Silésie ; ce qui est inconcevable, c'est qu'après avoir acquis, par la reconnaissance du 23, la certitude que Blücher était toujours sur la rive droite, vis-à-vis de Dresde, au lieu d'attaquer il ne trouva rien de mieux à faire que de resserrer encore davantage sa position autour de Dresde, en faisant passer la plus grande partie de ses troupes sur la rive gauche de l'Elbe. Il semble que, pour prendre cette résolution, il

n'était pas nécessaire de reconnaître la présence de Blücher sur
la rive droite, car si l'on eût constaté son absence ce n'eût été
qu'une raison de plus de passer de l'autre côté. Au contraire, en
le trouvant toujours devant soi, il était encore temps de l'attaquer
avec des forces considérables et de le bousculer dans des conditions qui auraient suffi à rétablir nos affaires.

On se demande quel avantage Napoléon pouvait attendre de
sa persévérante inaction. Plus on y pense, moins on trouve
l'explication d'une pareille détermination, car c'est la contradiction de tous les principes qu'il avait appliqués dans la première
partie de sa carrière militaire, et qu'il devait développer avec
tant de force plus tard. L'activité, les résolutions énergiques
étaient maintenant du côté de l'ennemi. Et deux jours après que
Napoléon avait reconnu la position de Blücher, celui-ci la quit-
tait sans être vu pour descendre l'Elbe, pendant que l'armée de
Bohême s'engageait sur les routes qui conduisent à Leipzig par
Commotau et Carlsbad.

La seconde période de la campagne était terminée, et on est
bien obligé de convenir que l'on est loin d'y retrouver le Napoléon d'Austerlitz, d'Iéna, de Friedland. Tandis que dans la
période précédente la brillante victoire de Dresde avait été compensée par les défaites de Grossbeeren, de la Katzbach et de
Kulm, cette fois toutes les opérations sont à l'avantage des
adversaires de Napoléon.

A part Dennewitz, il n'a pas perdu de grande bataille, mais il
n'a obtenu aucun résultat si ce n'est celui de l'affaiblissement
matériel et moral de son armée. Voilà où l'avait conduit l'adop-
tion d'un plan de campagne juste dans son idée générale,
mais qui fut vicié dans son application par une erreur grave
au sujet du rôle de Dresde. Car on peut dire que, jusqu'au dernier moment, Napoléon avait le moyen d'obtenir encore de brillants succès, à la condition de consentir à l'abandon au moins
éventuel de cette position. Qu'on suppose, en effet, qu'à la suite
de sa reconnaissance contre Blücher et après avoir reconnu sa
présence, il ait pris le parti de l'attaquer ; ayant fait ses préparatifs le 23, il pouvait déboucher le 24 avec l'armée de Macdonald
soutenu de Marmont, de la garde et d'une nombreuse cavalerie.
La défaite de Blücher n'était pas douteuse et les troupes fran-

çaises ayant tout leur élan pouvaient pousser leur adversaire au loin l'épée dans les reins. Et alors que serait devenu Schwarzenberg en route pour Leipzig ?

Quant à Bernadotte il est plus que probable qu'il eût évité de s'y engager. Le 24 septembre, Napoléon avait donc encore le moyen de profiter de la séparation de ses ennemis pour les battre l'un après l'autre.

Il suffisait pour cela de se rappeler comment avaient été obtenus jadis les triomphes de Castiglione et de Rivoli, tandis que Napoléon a semblé poussé, par une tournure d'esprit difficile à expliquer, à renier les principes qui lui avaient donné tant de victoires.

Il continue à combiner et à observer, mais ne fait rien qui soit capable de troubler les projets de ses ennemis.

Nous ne sommes plus au temps de Marengo et d'Austerlitz.

Ce n'est plus Napoléon qui choisit son champ de bataille.

Il ira là où ses ennemis ont résolu de l'amener ; quant à eux, ils y arriveront en marchant sur ses communications, comme lui-même faisait jadis à Marengo, à Ulm et à Iéna. Il y a toutefois une différence essentielle, c'est que Napoléon, pour se porter sur les communications de ses adversaires en 1800, 1805 et 1806, ne les tournait que d'un seul côté, avec toutes ses forces bien liées ensemble, tandis qu'en 1813 les Alliés marchèrent sur Leipzig avec deux masses d'abord distantes de cinquante lieues. Avec ces procédés, ils visaient non seulement les communications de l'ennemi, mais aussi son enveloppement. En revanche, ils laissaient à Napoléon une dernière chance, c'était d'atteindre une de leurs masses avant sa jonction avec l'autre et de réussir à les battre successivement. Mais c'est son dernier atout ; de lui seul il peut espérer encore le gain de la partie, car s'il laisse ses adversaires se réunir, l'issue de la lutte n'est pas douteuse. Avec 150,000 hommes de moins, un moral qui s'affaiblit tandis que celui des Alliés est exalté, la partie sera perdue, sinon le premier our de la lutte, du moins le second.

# IV.

## Du 25 septembre au 15 octobre.

### 1° *Précis des opérations.*

C'est le 25 septembre que Blücher commence le mouvement qui doit le porter des abords de Dresde aux environs de Wittenberg où il se propose de passer l'Elbe. Pour dissimuler son départ, il laisse vis-à-vis de Dresde le corps russe de Tcherbatow et le corps autrichien de Bubna, forts ensemble de 18,000 hommes, et fait attaquer les avant-postes de Macdonald et de Marmont par Sacken qui formait sa droite, tandis que York, Langeron et Saint-Priest passent derrière pour descendre l'Elster noir; Sacken doit les rejoindre les jours suivants. De son côté Bernadotte se disposait à replier sa gauche, qui depuis quelque temps s'étendait jusqu'au delà de Torgau, et à passer le fleuve avec le gros de ses forces à Roslau et à Acken, tout en serrant de près la place de Wittenberg par la rive droite.

En même temps l'armée de Bohême, remplacée sur les routes de Tœplitz à Dresde par Benningsen, descend l'Eger, dans le but de se diriger ensuite sur Leipzig par les deux routes de Commotau à Chemnitz et de Carlsbad à Zwickau.

Pendant plusieurs jours ces mouvements restèrent ignorés de Napoléon.

Du côté de Blücher les résultats de la reconnaissance du 23 lui avaient laissé la conviction que l'armée de Silésie était encore devant Dresde pour un certain temps, et d'autre part les engagements fréquents que Lefebvre-Desnoëttes avait sur les routes de la Bohême, ne l'avaient pas complètement renseigné sur ce qui se trouvait derrière les partisans que ce général avait à combattre. Toutefois, les dépêches de Ney avaient attiré son attention sur le bas Elbe, et en même temps l'inaction de l'armée de Bohême aux défilés de Peterswalde et de Dippoldiswalde, l'avaient amené à supposer que cette armée devait marcher par sa gauche dans la direction de la Saale. Aussi, au moment même où ses adversaires commençaient leurs mouvements, ayant renoncé lui-même à toute opération sérieuse sur la rive droite de l'Elbe, il avait rappelé le gros de ses troupes sur la rive gauche. De l'autre côté il ne laisse plus que Macdonald avec le 11e corps et la cavalerie de Sébastiani (2e corps). Les corps de Souham (3e) et de Lauriston (5e) sont ramenés sur Dresde, celui de Poniatowski est envoyé sur Waldheim pour appuyer au besoin Victor ainsi que Lefebvre-Desnoëttes. Le duc de Padoue avec une partie de sa cavalerie et la division Dombrowski est dirigé sur Leipzig pour prendre le commandement de toutes les forces réunies entre la Mulde et la Saale, qui comprenaient déjà, outre la cavalerie de Lefebvre, un certain nombre de bataillons et escadrons de marche d'une force d'environ 8,000 hommes, sous le général Margaron.

Une autre division de 10,000 hommes de toutes armes, venant d'Erfurt, sous le général Lefol, devait y arriver incessamment.

Enfin, il appela encore sur Leipzig Augereau, à qui il avait donné l'ordre le 17 septembre de se porter de Wurzbourg sur la Saale avec la division Semelé et une division de dragons arrivant d'Espagne, présentant ensemble une force de 12,000 hommes. Augereau marchant par le défilé de Kösen et Lutzen, devait arriver vers le 10 octobre sur l'Elster.

Quant à Marmont et à Latour-Maubourg ils sont rappelés également le 25 sur Meissen et même continuent, le 26 et le 27, sur Wurtzen, d'où ils seront en mesure d'appuyer Ney sur Torgau ou le duc de Padoue sur Leipzig.

Bientôt les mouvements de l'armée de Bohême se dessinent plus nettement. Lefebvre-Desnoëttes qui, les jours précédents, avait nettoyé le pays de la Mulde à la Saale en refoulant les partisans de Thielman et du colonel Mensdorf, fut attaqué à son tour le 26 à Altenburg par des forces supérieures. Ces forces comprenaient la cavalerie de Platow qui arrivait par Chemnitz, soutenue par l'infanterie autrichienne de Klenau. Ils avaient assailli Lefebvre de front, tandis que Thielmann revenant de la Saale le prenait par derrière, et la cavalerie française avait dû se retirer sur Weissenfels après avoir subi des pertes sérieuses.

On ne savait pas au juste ce qu'il y avait derrière Platow, mais son succès menaçait de nouveau les communications de l'armée par Leipzig. Dès que Napoléon en eut connaissance il accentua le mouvement de ses troupes. Marmont est porté sur Leipzig pour renforcer le duc de Padoue qui, sur la demande de Ney, lui avait renvoyé Dombrowski; Poniatowski et Lauriston sont dirigés sur Frohburg et Waldheim. Poniatowski, qui était le plus avancé du côte de l'ouest, marcha aussitôt sur Frohburg, y attaqua Platow le jour même 30 septembre et le rejeta sur la frontière de Bohême après lui avoir fait perdre un millier d'hommes.

Cependant tous les renseignements confirmaient le mouvement général de l'armée de Bohème. Aussi, le 2 octobre, pour assurer l'unité de commandement de toutes les forces chargées de surveiller les débouchés, Napoléon place Murat à la tête des trois corps, 2, 5 et 8, auxquels il joint les 4e et 5e corps de cavalerie. Le premier, composé de deux divisions de chasseurs et lanciers polonais, marchait sous les ordres de Kellermann avec Poniatowski depuis le commencement de la campagne. Le second n'était pas encore complètement constitué. Il devait comprendre trois divisions, mais la division de cavalerie légère Subervie et la division de dragons Lhéritier étaient seules rendues sur le théâtre des opérations; la troisième division était celle qui, sous les ordres du général Milhaud, allait arriver avec Augereau. Pajol qui, depuis l'ouverture des hostilités, commandait la cavalerie de Gouvion-Saint-Cyr, fut mis à la tête de ce nouveau corps: il arriva le 5 octobre à Mitweyda où se trouvaient les divisions Subervie et Lhéritier[1].

Mais pendant que Napoléon prend ainsi ses mesures pour s'opposer à l'armée de Bohème, Blücher a exécuté son mouvement sur la rive droite de l'Elbe.

S'étant préalablement dérobé, le 25 et le 26, il était arrivé le 30 septembre devant Torgau. Il y remplaça le corps de Tauenzien qui alla rejoindre l'armée du Nord dont le gros se trouvait vers Roslau et Acken. Ayant fait amener des bateaux à Elster le 1er octobre, Blücher fit jeter un pont le 2 au soir et passa l'Elbe

---

[1] Les escadrons du général Milhaud appartenaient aux mêmes régiments que ceux des divisions Subervie et Lhéritier. L'organisation du 5e corps de cavalerie ne devait être définitive qu'après la réunion des escadrons appartenant aux mêmes régiments.

dans la nuit du 2 au 3. York tenait la tête et était suivi par Langeron et par Sacken.

Il fallait enlever la position de Wartenburg où se trouvait établi le 4ᵉ corps français; mais ce corps ne disposait que de 12,000 hommes, tandis que Blücher en avait 60,000.

Malgré son infériorité numérique le 4ᵉ corps opposa une résistance opiniâtre, surtout la division Morand qui tint ferme pendant six heures et ne céda le terrain qu'après avoir fait perdre à l'ennemi plusieurs milliers d'hommes. Enfin, débordé sur sa droite, le 4ᵉ corps fut obligé de se retirer sur Kemberg, village au sud de Wittenberg, afin de se rapprocher de Reynier et de Dombrowski établis le long de la Mulde, entre Dessau et Düben. En même temps l'armée du Nord commençait à passer l'Elbe de Roslau à Barby et sa gauche était déjà en force à Dessau. A la suite de ces opérations Ney, qui n'avait pas en tout plus de 35,000 hommes, se trouvait donc entre Wittenberg et Düben, menacé par Blücher sur sa droite, par Bernadotte sur sa gauche, qui l'un et l'autre avaient 60,000 hommes. Il se mit dès le 4 en retraite sur Bitterfeld, après avoir fait appel au concours de Marmont qu'il savait à Leipzig et avoir rendu compte à Napoléon de ce qui venait de se passer.

Marmont s'était empressé de répondre à l'appel de son collègue et le 5 arriva à Eilenbourg avec le 6ᵉ corps et la cavalerie de Latour-Maubourg, tandis que Ney, continuant sa retraite, s'était porté de Bitterfeld sur Delitsch.

Ensemble ils n'auraient encore présenté qu'une force de 60,000 hommes; heureusement Bernadotte et même Blücher ne s'avançaient qu'avec une extrême prudence.

Le 5, l'armée de Silésie n'a pas encore dépassé Lubast sur la route de Düben, et Gräfenhaynchen sur celle de Bitterfeld; l'armée du Nord est toujours entre Dessau et Acken.

Cependant les deux généraux alliés conviennent de se réunir sur la Mulde et de marcher ensuite sur Leipzig; mais avant d'entreprendre cette marche ils tiennent à établir de solides têtes de pont à Wartenbourg et à Roslau.

Quant à Napoléon il reçut, dans la nuit du 4 au 5, les dépêches qui lui faisaient connaître le passage de Blücher et celui de Bernadotte, ainsi que le résultat du combat de Wartenburg. Ces mouvements coïncidant avec ceux de l'armée de Bohême lui firent comprendre sur-le-champ que le but des Alliés était de réunir toutes leurs forces sur ses derrières aux environs de Leipzig. Dès lors il se propose avant tout d'empêcher cette jonction et, considérant d'une part que l'armée de Bohême ne semble pas encore en forces au débouché des montagnes, tandis que l'armée de Silésie est tout entière sur la rive gauche de l'Elbe, il prend ses dispositions pour renforcer Ney rapidement. A cet effet il prescrit à Souham de marcher de suite de Meissen sur Torgau et il fait connaître à Ney que Marmont, Latour-Maubourg et Souham sont sous ses ordres. Ney aura ainsi près de 80,000 hommes avec lesquels il devra tenir tête aux forces qu'il a devant lui et même s'efforcer de les rejeter sur l'Elbe. En même temps une partie de la garde est dirigée sur Meissen; Saint-Cyr doit se rapprocher de Dresde qu'il fera occuper par deux divisions. Le 6 octobre, Napoléon prescrit au reste de la garde d'aller à Meissen et à Macdonald de suivre avec Sébastiani dès qu'il aura été relevé par Saint-Cyr.

Enfin il renouvelle à Augereau l'ordre de marcher sur Leipzig. Avec ces dispositions, Napoléon aura donc ses forces réparties en trois masses : Ney avec 80,000 hommes sera opposé aux armées de Silésie et du Nord ; Murat observera l'armée de Bohême avec les 40,000 hommes dont il dispose, sans compter les forces qu'a le duc de Padoue à Leipzig et celles qui doivent bientôt y arriver venant de la Saale. Ces forces, pouvant appuyer Murat en cinq ou six jours, lui donneraient 70,000 hommes, et Napoléon compte que ce sera suffisant pour tenir tête à l'armée de Bohême ou au moins retarder sa marche, pendant qu'il livrera bataille aux armées de Silésie et du Nord.

Pour cette bataille, il a sous la main les 60,000 hommes de la garde, de Macdonald et de Sébastiani, avec lesquels il pense rallier Ney. Il les pousse dans la direction de Wurtzen ; de là il pourra, suivant les circonstances, les porter sur Leipzig ou dans la direction de Wittenberg. Cela dépendra des progrès de Blücher.

Si Ney et Marmont ont réussi à tenir tête à leurs adversaires, Napoléon les ralliera sur la Mulde; il reprendra avec eux une énergique offensive, et, prévoyant que l'armée de Silésie pourra essayer de se dérober en repassant l'Elbe, il songe à se porter lui-même sur la rive droite, soit par Torgau, soit par Wittenberg, pour l'obliger à accepter la bataille.

Si, au contraire, les maréchaux opposés à Blücher et à Bernadotte ont été obligés de reculer devant eux, alors Napoléon portera sa réserve sur Leipzig pour y livrer la bataille.

Quant à Saint-Cyr, qui a toujours sous ses ordres les corps 1 et 14 réduits à 30,000 hommes, Napoléon est incertain sur ce qu'il doit en faire. Le 6, au matin, il a l'intention de les laisser à Dresde; mais le soir, en apprenant que l'armée de Bohême a fait de nouveaux progrès, il est amené à envisager l'hypothèse d'une bataille générale, et, voulant y faire concourir Saint-Cyr, il lui prescrit de préparer l'évacuation de Dresde. Causant la nuit suivante avec ce maréchal, il paraît même décidé au besoin à se retirer sur la Saale.

Il est hors de doute que cette perspective d'une bataille générale a été envisagée par Napoléon. On en trouve notamment la trace dans une lettre écrite à Berthier le 7 octobre, au matin; mais il s'en faut qu'il la désire. « Retenez les Autrichiens le plus que vous pourrez, écrit-il à Murat, presque au même moment, pour que je puisse battre Blücher et les Suédois avant l'arrivée du corps de Schwarzenberg. » Napoléon ne considère donc la bataille générale que comme un pis aller; il ne s'y résignera que quand toutes ses manœuvres tendant à battre ses adversaires avant leur jonction auront avorté, et il est si peu résolu à la livrer, qu'en l'entrevoyant il songe en même temps à l'éviter en se portant sur la Saale.

C'est avec ces idées qu'après avoir donné tous les ordres nécessaires pour assurer l'exécution des dispositions que nous venons d'indiquer, Napoléon lui-même quitte Dresde dans la matinée du 7; il s'arrête quelques heures à Meissen, et continue l'après-midi jusqu'à Seerhausen, à quelques lieues d'Oschatz, sur la route de Wurtzen.

Là il apprend de Ney que les armées de Silésie et du Nord ont fait peu de progrès depuis deux jours, qu'elles ont à peine dépassé Düben, et, de Murat, que l'armée de Bohême n'a encore que son avant-garde à Altenburg. Dès lors, Leipzig n'est pas immédiatement menacé et l'Empereur prend résolument le parti de se porter sur Blücher en descendant la Mulde. D'ailleurs, Ney et Marmont s'étaient mal entendus ensemble et, tandis que le premier était revenu sur la Mulde, entre Eilenbourg et Wurtzen, le second s'était reporté sur Leipzig. Afin de les appuyer en les soudant, Napoléon réunit la garde et Macdonald à Wurtzen, où il arrive le 8 au matin. Dans la journée ses idées se précisent ; Blücher et Bernadotte sont toujours des deux côtés de la Mulde, ils paraissent mal concentrés ; ce sont eux décidément qu'il va attaquer. Dans la nuit du 8 au 9 il donne tous les ordres de mouvement pour reporter ses forces en avant.

Au centre, Ney marchera sur Ellenbourg par les deux rives de la Mulde, et continuera ensuite sur Düben, avec Souham, Dombrowski et Reynier ; à droite, Bertrand se dirigera sur Mockrehna, Macdonald l'appuiera ; à gauche, Marmont prendra la direction de Düben ; la garde descendra la Mulde à la suite de Ney. Napoléon a sous la main 140,000 hommes, avec lesquels il veut pousser Blücher sur l'Elbe, passer le fleuve à sa suite en dégageant Wittenberg, et détruire les ponts de l'ennemi, de manière que, quand il reviendra ensuite sur l'armée de Bohême, il n'ait pas à craindre le retour rapide des armées de Silésie et du Nord. En même temps qu'il se dispose à marcher contre l'armée de Silésie, il renouvelle à Murat l'ordre de défendre le terrain pied à pied en se retirant sur Leipzig, où il trouvera bientôt plus de 25,000 hommes de renfort. Napoléon compte bien qu'avant qu'il ait été obligé de l'évacuer, lui-même en aura fini avec Blücher et Bernadotte, et qu'il pourra se retourner contre Schwarzenberg.

Le 9, au matin, Napoléon n'envisage donc plus l'hypothèse d'une bataille générale, il espère trouver le moyen de battre ses adversaires l'un après l'autre. Comme conséquence de ces dispositions et pour les compléter, il prescrit à Saint-Cyr de suspendre l'évacuation de Dresde et d'y rester avec ses deux corps. Prévoyant qu'après avoir poursuivi Blücher sur la rive droite il pourra être avantageux de revenir contre l'armée de Bohême par Dresde, il tient à rester maître de ce passage de l'Elbe. Ainsi, tandis que deux jours auparavant il jugeait la situation assez difficile pour envisager l'éventualité d'une retraite sur la Saale, maintenant croyant tenir l'ennemi dans une fausse position, il pense même ne pas avoir besoin de toutes ses forces pour le terrasser. Son imagination s'enflamme, et il a une telle confiance dans ses manœuvres, qu'il espère y trouver le moyen d'en finir d'un seul coup. Enfin, depuis un mois qu'il attend l'occasion, ses adversaires viennent de se livrer !

Il voit déjà Blücher essayant vainement d'atteindre le bas Oder comme au lendemain d'Iéna, et les Autrichiens rentrant péniblement en Bohême, avec 150,000 hommes sur leur flanc. Certes, il était loin, en formant ces beaux projets, de penser qu'il était plus près de la roche Tarpéienne que du Capitole, et cependant huit jours plus tard il se trouvait sur le champ de bataille de Leipzig.

Ainsi qu'on vient de le voir, la première partie de son plan consiste à se porter contre Blücher et contre Bernadotte ; mais pendant qu'il dispose tout pour les attaquer, ceux-ci ont déjà résolu de se dérober à ses coups.

Comme nous l'avons dit, ils ne s'étaient avancés au delà de l'Elbe qu'avec une extrême prudence. Quoiqu'ils aient résolu de se porter sur Leipzig, le gros de l'armée du Nord n'était encore le 8 octobre qu'à Radegast, et l'armée de Silésie n'avait pas encore passé la Mulde. Dans cette journée, York était à Bitterfeld, Langeron à Duben, où se trouvait Blücher, et Sacken à Meckrehna, entre Torgau et Eilenburg. Mais le jour même ayant appris que Napoléon avait quitté Dresde pour marcher contre eux, ils avaient pris le parti de se soustraire à son atteinte.

Pour le général en chef de l'armée du Nord, il n'avait pas été besoin de beaucoup de raisons pour le convaincre de la nécessité de la retraite. Connaissant son terrible adversaire pour avoir servi sous ses ordres, il n'était nullement pressé de se mesurer avec lui ; mais il n'en était pas de même du chef de l'armée de Silésie.

Prêt à tous les sacrifices pour assurer l'indépendance de son pays, Blücher savait qu'il n'y arriverait qu'à la suite de luttes sanglantes, et comme il avait confiance en ses troupes autant qu'en lui-même, il ne demandait qu'à hâter le moment de la bataille décisive.

Cependant les nouvelles qu'il reçut de l'approche de Napoléon, ralliant Ney avec plus de 100,000 hommes, le firent réfléchir. D'ailleurs Bernadotte tenait absolument à s'éloigner et, si capable que fût Blücher de soutenir le choc avec les deux armées réunies, il ne pouvait songer à l'essayer, réduit à ses propres forces. Tandis que, le 7 septembre, on avait combiné une marche sur Leipzig, on prit, le lendemain, le parti de se dérober à Napoléon.

Bernadotte, en insistant sur la nécessité de ce mouvement, avait émis l'avis que, pour l'exécuter, les deux armées du Nord et de Silésie pouvaient repasser l'Elbe ou bien se porter ensemble sur la Saale, en restant sur la rive gauche du fleuve. Le premier parti paraissait plus prudent, mais Blücher ne voulut pas s'y arrêter, parce que, en repassant l'Elbe, on abandonnait l'armée de Bohême que l'on savait en mouvement sur Leipzig par le Sud; après avoir concédé à son collègue qu'il convenait d'éviter le choc de Napoléon, tant qu'on était encore à 30 lieues de Schwarzenberg, il accepta de s'y dérober non pas en repassant l'Elbe, mais en se portant sur la Saale. C'était là une grave résolution, car, en la mettant à exécution, on abandonnait complètement la route de Berlin et ses communications; mais, en revanche, étant en pays ami, on trouverait certainement partout les moyens de vivre, et en même temps, tout en échappant à Napoléon, on ne s'éloignerait pas de l'armée de Bohême, qu'au pis aller l'on pourrait sans doute rejoindre en remontant la Saale par Halle et Merseburg, et, pour peu que celle-ci, en même temps, marchât par sa gauche, on avait de grandes chances d'opérer la jonction, sinon à Leipzig comme on l'avait projeté, du moins entre l'Elster et la Saale, dans les environs de Lutzen.

Tel fut donc le parti auquel s'arrêtèrent les chefs des armées du Nord et de Silésie, au moment même où Napoléon se disposait à descendre la Mulde pour attaquer Blücher.

Cependant, le 9 au matin, toute l'armée de Silésie était encore sur la rive droite de la Mulde, de Bitterfeld à Mockrehna. Le mouvement de retraite devait commencer le jour même; mais Langeron devait tenir à Düben jusqu'à l'arrivée de Sacken qui, tout en se retirant, devait faire une démonstration sur Eilenburg pour masquer sa retraite. L'après-midi, Langeron fut attaqué vigoureusement par Ney qui descendait la Mulde venant d'Eilenburg, et le chassa de Düben; en même temps, Sébastiani et Bertrand se heurtèrent à Sacken qui, vivement mené et coupé de Duben, fut obligé de faire un détour par le Nord pour se rapprocher de la Mulde.

A la gauche de l'armée française, Marmont s'était approché de Düben, tandis qu'à la droite Macdonald était aux environs de Mockrehna et que Napoléon, avec la garde, arrivait à Eilenburg.

Le lendemain, 10 octobre le mouvement continua de part et d'autre, l'armée de Silésie passant la Mulde à Bitterfeld, à Jessnitz et à Raguhn, tandis que le gros de l'armée française s'avançait sur la rive droite et en talonnant seulement quelques arrièregardes ennemies. Marmont seul restait sur la rive gauche près de Düben avec Latour-Maubourg, tandis que Napoléon y arrivait avec la garde. En somme, à la suite de ces deux journées, l'armée de Silésie, n'ayant éprouvé que de faibles pertes, avait réussi à se couvrir de la Mulde et à se réunir à l'armée du Nord dont le gros se trouvait à Zerbig et Radegast.

Napoléon était obligé de reconnaître que ses adversaires s'étaient encore une fois dérobés; mais il n'était nullement fixé sur la direction qu'ils étaient décidés à suivre. Il ne savait même pas au juste si Blücher avait passé la Mulde avec toutes ses forces. En outre, en se réunissant sur la rive gauche de cette rivière, était-ce afin de repasser l'Elbe plus à leur aise à Acken et à Roslau, ou bien voulaient-ils rester sur la rive gauche de l'Elbe afin de se joindre par la Saale à Schwarzenberg? Comme, le jour même, à Düben, il reçut des dépêches de Murat qui lui apprenaient que l'armée de Bohême avait fait de nouveaux progrès sur Leipzig, il fut amené naturellement à rattacher ce mouvement à celui de Blücher.

Envisageant toutes les éventualités, Napoléon, après son arrivée à Düben, dans l'après-midi du 10, s'arrête à l'idée de continuer son mouvement vers l'Elbe par la rive droite de la Mulde; mais ce n'est pas dans le même but dans tous les cas. S'il peut joindre Blücher, sur l'une ou l'autre rive de l'Elbe, il lui livrera bataille et le poursuivra sur la route de Berlin pour se rabattre ensuite sur l'armée de Bohême soit par Torgau, soit par Dresde. C'est là sa première idée, celle qu'il avait conçue dès le 6; mais, si Blücher reste sur la rive gauche sans avoir été battu, alors on ne peut plus empêcher sa jonction avec Schwarzenberg. Dans ce cas, Napoléon passera sur la rive droite pour y attirer la guerre en se portant sur les communications de l'ennemi. Il y trouvera d'abord sa propre sécurité en se dérobant à son tour aux masses réunies de la Coalition, et, afin d'assurer en même temps celle de Murat, il lui prescrit, quand il sera obligé de quitter Leipzig, de se retirer sur Torgau après avoir rallié le duc de Padoue et Augereau. Une fois toutes les forces françaises réunies sur la rive droite, on pourra profiter d'une circonstance favorable pour revenir surprendre l'ennemi sur la rive gauche par un des quatre ponts que l'on possède de Dresde à Magdebourg.

Cette détermination prouve bien que Napoléon ne recherchait pas la bataille générale, car, s'il l'eût désirée, ce n'est pas la présence des armées du Nord et de Silésie sur la rive gauche de l'Elbe qui aurait dû l'en éloigner; c'eût été, au contraire, un moyen certain de l'obtenir en y restant lui-même.

Avec ces idées, le mouvement de Napoléon sur l'Elbe est donc à double fin. Il ne sait pas au juste ce que font ses adversaires, mais il estime que la continuation du mouvement sur l'Elbe est ce qui convient dans tous les cas.

D'ailleurs, tout en entrevoyant la seconde hypothèse, c'est plutôt la première qui attire son attention. Il pousse donc, le 11 au matin, Reynier et Dombrowski sur Wittenberg, Bertrand sur Wartenburg pour détruire les ponts de l'ennemi; Souham est dirigé sur Dessau pour surveiller le confluent de la Mulde et de l'Elbe; Macdonald doit suivre en prenant la direction de Wittenberg; la garde est en avant de Düben, prête à les appuyer, tandis que Marmont observera la gauche de la Mulde et la direction de Leipzig.

Mais, justement, des deux hypothèses que Napoléon avait envisagées, ses adversaires s'étaient arrêtés à celle qu'il considérait comme la moins probable. Après s'être réunis sur la gauche de la Mulde, ils étaient décidés à ne pas repasser l'Elbe; en même temps, ils jugèrent à propos de ne pas s'attarder en présence de Napoléon, et, dès le 11, ils se mirent en mouvement vers la Saale, Blücher prenant la direction de Halle, Bernadotte celle d'Alsleben, ne laissant au confluent de la Mulde et de l'Elbe que le seul corps de Tauenzien pour les couvrir et garder les ponts de Roslau et d'Acken aussi longtemps que possible.

Aussi les corps français poussés vers l'Elbe, tout en rencontrant partout des arrière-gardes, purent s'avancer sans avoir à vaincre de grandes résistances, tandis que, de Düben, Marmont put constater le mouvement de l'armée de Silésie vers la Saale.

D'autre part, dans la soirée du 11, Napoléon reçut une dépêche de Murat qui lui apprenait que, le 10, il avait eu un brillant engagement contre les Russes et que l'armée de Bohême paraissait plutôt en retraite.

Cette armée, après avoir marché très lentement, était enfin arrivée, le 6, aux débouchés de la Bohême, les Autrichiens par la route de Chemnitz, les Russes et les Prussiens par celle de Zwickau, tandis que Colloredo et Benningsen restaient vis-à-vis de Dresde et qu'à l'extrême gauche la division légère Liechtenstein se portait sur la Saale avec Thielman.

Le 7, Witgenstein fit occuper Altenburg; Klenau approchait de Penig; le jour suivant, Schwarzenberg était à Chemnitz. Murat observait ces mouvements, mais n'avait encore rien fait pour s'y opposer. Il se trouvait avec le gros de ses forces vers Flöha, à peu de distance de Chemnitz, mais ne couvrait pas Leipzig sur la route que suivaient les Autrichiens et encore moins sur celle où marchait Wittgenstein. Stimulé par Napoléon, il se porta, le 8, sur la Mulde à Rochlitz. Il se trouvait ainsi entre les deux grandes colonnes de l'armée de Bohême, pouvant encore être prévenu sur Leipzig par Wittgenstein qui, le lendemain, débouchait d'Altenburg dans la direction de Borna.

Murat, pour s'opposer à ce mouvement, se porta, le 9, sur Frohbourg et, le 10, sur Borna. Il trouva cette dernière ville déjà occupée par les Russes; mais il les attaqua avec les corps 2 et 8 et sa cavalerie, et les rejeta vers le sud après leur avoir fait perdre 2,000 ou 3,000 hommes.

Le même jour, Augereau, débouchant de Naumburg, avait rencontré Thielman et Liechtenstein sur la route de Weissenfels, les avait fait charger par les dragons d'Espagne, qui les avaient rejetés sur Zeitz avec une perte de 2,000 hommes.

En recevant ces divers renseignements dans la soirée du 11, Napoléon ne se rendit pas très bien compte de la situation de ses adversaires ni de leurs projets. Marmont lui avait fait connaître le mouvement de Blücher dans la direction de Halle, mais il ne voyait pas clairement la position de Bernadotte.

« Quel fil embrouillé que tout ceci, disait-il, en causant la nuit suivante avec ce maréchal [1], moi seul je puis le débrouiller et encore aurai-je bien de la peine! »
4 heures de l'après-midi : « On m'assure, dit-il, que le prince

---

[1] C'est dans cette conversation qu'abordant divers sujets, il fut amené à faire la distinction entre l'homme d'honneur et l'homme de conscience et que, comme s'il avait prévu ce qui devait arriver l'année suivante, il dit à Mar-

Et, en effet, il ne devait pas y réussir.

Il était livré à ses méditations, lorsque le 12, vers 10 heures du matin, il reçoit une nouvelle dépêche de Murat lui annonçant que les dispositions de l'armée de Bohême s'étaient subitement transformées; que, tandis que, le 11 au matin, elle paraissait en retraite, l'après-midi elle avait, au contraire, repris résolument sa marche en avant sur les deux routes de Chemnitz et de Zwickau, et que devant des forces très supérieures aux siennes, Murat avait été obligé de se retirer dans la direction de Leipzig.

D'autre part, les renseignements qu'il a reçus de Ney lui ont fait croire que l'armée du Nord est revenue sur la rive droite de l'Elbe; c'est sur cette hypothèse qu'il va baser ses déterminations.

Napoléon considère que si Blücher marche par Halle, tandis que Schwarzenberg s'avance sur Leipzig, c'est afin de combiner leurs opérations en se rapprochant l'un de l'autre; mais que Bernadotte s'étant mis hors de cause en repassant l'Elbe, il est en mesure avec les forces dont il dispose de battre les deux autres, d'autant plus que, quoiqu'ils cherchent à se rapprocher, leur jonction n'est pas encore faite. Il renonce donc à passer sur la rive droite avec le gros de son armée, et il prend ses dispositions pour la ramener sur Leipzig, espérant y arriver avant que Murat ait été obligé de l'évacuer et y trouver le moyen de battre ses deux adversaires successivement en attaquant le premier avant l'arrivée du second.

Mais tandis qu'il se dispose à revenir sur Leipzig, droit contre l'armée de Bohême, il laisse encore ses corps les plus avancés sur l'Elbe pour détruire les ponts, de manière à être bien sûr que Bernadotte ne reviendra pas sur lui pendant la bataille qu'il va livrer. En prenant le parti de marcher sur Leipzig, Napoléon est donc loin de rechercher la bataille générale qu'il n'a jamais voulue, c'est, au contraire, parce qu'il croit qu'un de ses adversaires ne pourra pas y assister. Cette manière de voir est très claire dans la lettre que l'Empereur écrit au duc de Bassano, le 12, à

---

mont : « Vous, par exemple, si vous croyiez que le salut du pays vous commande de m'abandonner et que vous le fassiez, vous seriez un homme de conscience et non un homme d'honneur. » (*Mémoires du duc de Raguse.*)

royal et toute l'armée de Berlin ont repassé sur la rive droite. Je recevrai avant minuit confirmation de cette nouvelle, et alors, m'étant débarrassé ainsi de 40,000 à 50,000 ennemis, je me ploierai avec toute mon armée sur Leipzig et livrerai bataille à l'ennemi. » Si, avant la concentration, Murat était obligé d'abandonner Leipzig, le champ de bataille serait changé, mais la bataille aurait toujours lieu, parce que dans son ensemble la situation serait la même.

Avec ces idées, Napoléon ne se croit pas pressé d'exécuter le mouvement qu'il a conçu. Avant de donner ses ordres, il veut avoir des renseignements précis sur la situation de Murat ; toutefois, avant de les avoir reçus, il prescrit à Marmont, qu'il avait porté dans la matinée sur Dœlitzsch afin d'observer Blücher, de se rapprocher de Leipzig pour se mettre à la disposition du roi de Naples. Mais ce qui lui importe surtout c'est de détruire les ponts de l'Elbe. Aussi il y emploie encore toute la journée du 12, et même ayant appris dans la nuit suivante que Murat qui a reçu ses renforts pourra tenir à Leipzig jusqu'au 14 au soir, il donne encore des ordres dans le même sens, le 13, à 1 heure du matin.

La veille, Ney, avec le 3ᵉ corps, avait enlevé Dessau après un brillant combat. Reynier, Sébastiani, Dombrowski, débouchant de Wittenberg, ont refoulé l'ennemi, qu'ils ont rencontré sur les routes de Zerbst et de Brandebourg ; Macdonald s'est approché de Wittenberg. L'Empereur veut que ce dernier passe aussi sur la rive droite le 13 si c'est nécessaire, que l'on s'empare des ponts de Roslau et d'Acken, et qu'on les détruise avec le concours de Ney, qui agira par la rive gauche.

Les corps français arrivent en effet dans la journée à Roslau et vis-à-vis d'Acken ; mais, tandis qu'ils exécutent les ordres que Napoléon leur a envoyés à 1 heure du matin, c'est-à-dire une heure après avoir reçu la réponse de Murat, à 4 heures tout est changé. Le parti est décidément pris de marcher sur Leipzig. La garde, Latour-Maubourg, Bertrand, doivent partir de suite pour Duben ; les corps portés au delà de l'Elbe doivent y arriver le lendemain ; tout le monde continuera ensuite sur Leipzig, où Napoléon arrivera lui-même le 14. Mais, en attendant, Marmont est rappelé au nord-ouest de la ville pour observer Blücher et, au besoin, le contenir sur la route de Halle.

C'est la nouvelle de la défection de la Bavière qui amène

Napoléon à précipiter la solution. Il apprend, en effet, que les Bavarois, ses alliés de la veille, se sont réunis sur l'Inn aux Autrichiens, qu'ils étaient chargés d'observer, et que tous ensemble sont en marche sur le Rhin. Il sait d'ailleurs que toute l'Allemagne est soulevée derrière lui, que son frère Jérôme vient d'être chassé du royaume de Westphalie. Il ne peut plus se sauver que par une grande victoire, il va la chercher, et le plus tôt sera le mieux, et, s'il ne l'obtient pas, il reviendra sur le Rhin.

Le 13, au matin, son parti est donc définitivement pris. Il va exécuter le projet qu'il avait conçu la veille ; mais ayant dirigé déjà une partie de ses forces dans le sens opposé, il lui faudra trois jours pour les ramener sur Leipzig ; c'est à peine si tous ses corps y arriveront le 15.

Pendant ce temps, Blücher et Bernadotte, ce dernier surtout, n'avaient pas été sans éprouver certaines inquiétudes. En voyant l'Empereur maître de la route de Berlin, il craint pour ses communications, ainsi que pour Tauenzien qui, bousculé par les Français, est isolé sur la rive droite, et il voudrait le rejoindre en entraînant Blücher à sa suite. Mais celui-ci a déjà ouvert des communications avec l'armée de Bohême par Mersebourg ; il est résolu à ne pas revenir sur ses pas, sauf à laisser Bernadotte livré à lui-même entre la Mulde et la Saale. D'ailleurs, bientôt ce dernier est délivré de tout souci par la dernière résolution de Napoléon.

Le mouvement rétrograde des corps français commence, en effet, partout le 13. Ayant porté le jour même une forte avant-garde sur Acken, Bernadotte s'en aperçoit. Les renseignements du lendemain lui confirment la retraite des Français ; dès lors, il ne songe plus à repasser l'Elbe. La route de Berlin n'étant plus menacée, il pousse le gros de ses forces à Cothen, entre la Mulde et la Saale, et se dispose à combiner ses mouvements avec Blücher. Ce dernier, tout en entrant en communication avec l'armée de Bohême par Mersebourg, ne perd pas de vue l'armée française, et ayant la promesse d'être appuyé par Bernadotte, il se prépare à marcher sur Leipzig, par la rive droite de l'Elster, dès que l'armée de Bohême sera sur le point de s'engager. Mais continuant à se montrer résolument circonspect, il reste encore à Halle toute la journée du 14, ne voulant pas s'exposer à être attaqué par Napoléon, avant d'être sûr du concours de Schwarzenberg.

Quant à Napoléon, ayant donné ses ordres à Düben, le 13 au matin, il y restait encore toute la journée.

Il croit d'ailleurs tout à fait l'armée du Nord au delà de l'Elbe, et il pense que la destruction des ponts l'empêchera de revenir pour la bataille. Quant à Blücher, il le suppose du côté de Halle, et le croit très capable d'en déboucher; mais il estime qu'il suffit de le faire observer de loin par Marmont, à qui il prescrit de choisir une bonne position défensive au nord-ouest de Leipzig, en recommandant à Murat de n'appeler le 6e corps qu'à la dernière extrémité.

Le 14, au matin, il se préparait à quitter Duben, lorsqu'il reçut un rapport de Ney d'après lequel l'armée du Nord ne serait pas sur la rive droite de l'Elbe, mais bien sur la basse Saale, aux environs de Bernburg. Napoléon n'en continue pas moins sur Leipzig, au risque d'avoir les trois armées de la Coalition sur les bras, et quittant lui-même Duben à 7 heures, il arriva à Leipzig vers midi. Il y trouva Murat aux prises avec l'avant-garde de l'armée de Bohême. Celle-ci, en effet, depuis plusieurs jours, n'avait pas cessé de marcher vers le Nord; le gros des Autrichiens s'avançait d'Altenburg entre la Pleisse et l'Elster, les Prussiens et les Russes à droite de la Pleisse, par Frohburg et Borna, et Klenau à l'extrême droite. Devant ces masses, fortes de 160,000 hommes, Murat, qui n'en avait que 40,000, sans compter Augereau et la garnison de Leipsig, s'était replié lentement et avait pris position au sud de la ville à Wachau et Liebert-Wolkwitz, couvert par les 4e et 5e corps de cavalerie, qui avaient à leur tête Kellermann et Pajol. Le 14, la cavalerie russe s'était avancée sur Wachau; Murat l'avait fait charger par la sienne et l'avait culbutée sur le corps de Wittgenstein; mais, chargé lui-même par la cavalerie prussienne et par celle de Klenau, il avait dû se replier sur son infanterie. Cette action de cavalerie était le prélude de la grande bataille qui allait se livrer le surlendemain.

Napoléon, en arrivant à Leipzig, reçut de Murat tous les renseignements sur la situation de l'armée ennemie.

Le lendemain matin, il monta à cheval et parcourut le champ de bataille.

Il trouva le 8e corps établi à Mark-Kleeberg, le 2e à Wachau, le 5e à Liébert-Wolkwitz, et les deux corps de cavalerie un peu en arrière entre Mark-Kleeberg et Wachau.

Il approuva toutes les dispositions prises par Murat et les compléta en disposant en seconde ligne ses autres corps qui arrivaient successivement sur le champ de bataille. C'était d'abord Lefol et Augereau qui étaient arrivés, le 10 et le 12, à Leipzig où se trouvait déjà le duc de Padoue avec Margaron, et ensuite la garde qui, ayant quitté Düben le 13, était arrivée, le 14, à Leipzig avec la cavalerie de Latour-Maubourg.

Ces troupes, sauf celles du duc de Padoue appelées à défendre Leipzig du côté de la route de Lützen, devaient renforcer Murat sur le front sud. Macdonald avec Sébastiani devaient en appuyer la gauche, mais ces deux corps étaient encore à Düben, le 14, et devaient arriver à Taucha seulement le 15 au soir. Leur arrivée devait porter à environ 125,000 hommes les forces opposées à l'armée de Bohême qui s'avançait avec 160,000.

Entre la garde et Macdonald avait marché le 4e corps qui était arrivé, le soir du 14, à Euterizsch où il fut laissé derrière Marmont qui occupait Breitenfeld et Lindenthal. Souham et Dombrowski qui, sous les ordres de Ney, suivaient Macdonald au débouché de Düben, ne devaient arriver sur la Partha que le 16 au matin avec les divisions du 3e corps de cavalerie qui avaient à protéger leur marche du côté de la Saale. Ils devaient s'arrêter vers Mockau et Ploesen; mais Reynier, ne pouvant atteindre Düben avant le 15 au soir, ne devait pas paraître le 16 sur le champ de bataille.

A part ce dernier corps, Napoléon allait donc avoir pour le lendemain toute son armée sous la main, sauf encore Saint-Cyr à qui il n'avait donné aucun ordre de quitter Dresde pour participer à la bataille.

D'après l'ensemble de ces dispositions, il est clair qu'il songeait avant tout à engager la bataille contre l'armée de Bohême.

Marmont seul était opposé à Blücher qui pouvait arriver par la route de Halle. Décidé à engager la lutte, Napoléon croit avoir le moyen d'obtenir la victoire. Le 14, il fait écrire de Leipzig à Saint-Cyr que tout sera probablement terminé le 15 et le 16, et que dès lors ce maréchal sera promptement dégagé.

Du côté des Alliés, on avait aussi employé le temps à amener le plus de troupes possible sur le champ de bataille.

L'armée de Bohême qui avait suivi Murat sur Leipzig se trouvait, le soir du 15, vis-à-vis des forces françaises sur les deux rives de la Pleisse.

De l'autre côté de Leipzig se trouvait l'armée de Silésie.

Blücher qui avait évité de s'engager avec Napoléon, lorsqu'il n'avait avec lui que l'armée du Nord, sachant que l'armée de Bohême approchait de Leipzig par le sud était bien décidé à jouer son rôle dans la grande bataille qui allait se livrer. Il avait envoyé un officier au prince de Schwarzenberg pour le renseigner sur sa situation et le prévenir qu'il était prêt à marcher au canon au premier signal. Le 15, il s'était avancé jusqu'au village de Schkeuditz et se disposait à entrer en ligne avec ses 60,000 hommes, dès que l'action serait engagée au sud de Leipzig.

Quant à Bernadotte, il était encore assez loin du champ de bataille. Lui et Blücher avaient eu bien du mal à s'entendre pendant ces derniers jours. Le commandant de l'armée de Silésie avait réussi cependant à empêcher le prince royal de Suède de repasser sur la rive droite de l'Elbe, et ce dernier, en présence du mouvement de Napoléon de Düben sur Leipzig, s'était décidé à se rapprocher de Leipzig. Il se trouvait, le soir du 15, entre Halle et Landsberg ; mais il ne devait pas paraître le lendemain sur le champ de bataille.

En même temps, une quatrième armée alliée s'en approchait du côté opposé. C'était celle de Benningsen. Cette armée, après avoir remplacé à la fin de septembre l'armée de Bohême en avant de Tœplitz, s'était avancée sur les routes de Peterswalde et de Dippoldiswalde. Du 9 au 13 octobre, elle avait refoulé sur Dresde les troupes de Saint-Cyr, puis s'était mise en marche dans la direction de Leipzig par Nossen et Waldheim où elle arriva le 15. Là, elle reçut l'ordre de presser sa marche pour prendre part à la bataille qui allait se liver. Elle amenait, comme Bernadotte, près de 60,000 hommes de renforts ; ni les uns ni les autres ne devaient se trouver sur le champ de bataille le 16, mais ils pouvaient y arriver dans l'après-midi du 17.

En somme, le premier jour de la lutte, Napoléon ne devait avoir affaire qu'aux armées de Bohême et de Silésie.

Vis-à-vis de la première, forte de 160,000 hommes, il disposait de 125,000 hommes; vis-à-vis de la seconde, qui en comprenait 60,000, seulement des 20,000 de Marmont; en outre, il avait une réserve de 30,000 hommes avec les corps de Bertrand et de Souham et la division Dombrowski, sous les ordres supérieurs de Ney.

Son infériorité numérique était moins grande que le jour de la bataille de Dresde. Dans ces conditions, il était permis d'espérer la victoire au moins le premier jour de la lutte. Mais à moins de jeter le désordre dans les troupes qu'il allait d'abord combattre, cela ne devait pas suffire pour permettre à Napoléon de prendre définitivement le dessus; car derrière leurs troupes de première ligne, les Coalisés disposaient de puissantes réserves stratégiques. Or, il faut remarquer en même temps que leur moral s'était singulièrement élevé depuis six semaines. Sans doute, celui de l'armée française était encore excellent, la présence de Napoléon devait développer dans tous les rangs un dévouement sans bornes et, sur beaucoup de points, un véritable héroïsme. Mais nos adversaires n'étaient pas disposés à se laisser décourager par quelques revers. Ils étaient d'autant mieux résolus à livrer la bataille à fond qu'ils savaient que, s'ils échouaient le premier jour, ils seraient ralliés le jour suivant par 120,000 hommes, dont l'arrivée leur permettrait sans doute de reprendre une nouvelle offensive avec une supériorité écrasante pour leur adversaire.

### 2° *Observations critiques.*

Napoléon ayant renoncé à toute opération sur la rive droite de l'Elbe, en avant de Dresde, ne pouvait prendre de meilleures dispositions que celles auxquelles il s'est arrêté dans les derniers jours du mois de septembre pour s'opposer aux mouvements des armées alliées qu'il prévoit sur ses derrières, tant par les routes conduisant de la Bohême sur Leipzig que par l'Elbe moyen audessous de Torgau. Il les complète ensuite d'une manière fort judicieuse dès que les desseins de ses adversaires sont nettement dévoilés.

En réunissant d'une part plusieurs corps sous Murat, près de la frontière de Bohême, poussant en même temps Marmont et Souham à l'appui de Ney, il prend les mesures les plus capables de retarder les progrès des deux armées de Bohême et de Silésie, et, en dirigeant ensuite sa réserve sur Wurtzen, il se prépare à attaquer la seconde de ces armées avec des forces supérieures, de manière à empêcher sa jonction avec la première. Nous pensons qu'il eût été difficile de mieux faire, et que d'ailleurs rien n'indiquait tout d'abord dans quelle direction au juste il convenait de porter cette réserve.

On ne peut encore que l'approuver quand, le 7, il choisit définitivement l'armée de Silésie comme but de ses premiers coups, car Blücher et Bernadotte, qu'on ne pouvait pas empêcher de se réunir sur la Mulde, étaient capables de malmener Ney et Marmont qui, d'ailleurs, s'entendaient assez mal pour résister à leurs adversaires.

Rien de mieux donc que le projet de Napoléon de descendre la Mulde avec 140,000 hommes, d'attaquer les armées de Silésie et du Nord partout où il les rencontrera, de les rejeter sur l'Elbe et de passer le fleuve à leur suite pour achever de les détruire. Il espère qu'en même temps Murat pourra contenir l'armée de Bohême en se retirant lentement devant elle, et que lui-même, après s'être débarrassé de la masse du Nord, pourra revenir contre celle du Sud qu'il battra à son tour. Ce plan était bien dans l'esprit des principes de Napoléon, et c'était d'ailleurs le seul que comportait la situation.

Les moyens d'exécution sont également les meilleurs que l'on pût prendre. Avec une masse principale au centre descendant la Mulde elle-même, Marmont à gauche, Bertrand et Macdonald à droite, Napoléon était en mesure de parer à toutes les éventualités qui pouvaient se présenter sur une rive ou sur l'autre de la rivière.

Mais où nous croyons qu'il est permis de ne plus admirer sans réserve, c'est quand Napoléon, trouvant le vide devant lui sur la rive droite de la Mulde, continue néanmoins à pousser de ce côté le gros des forces qu'il a sous la main, avec l'intention de passer sur la rive droite de l'Elbe.

Sans doute, il a ses raisons pour prendre ce parti. Si l'ennemi cherchant à lui échapper passe lui-même sur la rive droite, Napoléon aura le moyen de le rejoindre au delà du fleuve, en débouchant de Wittenberg, de manière à l'attaquer et à le battre sur la route de Berlin, et si, au contraire, il reste sur la rive gauche de manière à se rapprocher de l'armée de Bohême, l'Empereur sera en mesure de se soustraire à l'étreinte de toutes les armées alliées, sauf à reprendre l'offensive ultérieurement dans des conditions favorables. Le dessein de Napoléon a donc son mérite, et l'on peut même dire que s'il en avait suivi le développement jusqu'au bout, il aurait évité la ruine de son armée; mais nous croyons que, le 10 et le 11, il y avait mieux à faire. Sans être complètement renseigné sur la situation de ses adversaires, Napoléon, arrivant le 10 à Düben, savait par l'interrogatoire des prisonniers que Blücher défilait devant lui au moins avec une partie de ses forces pour passer la Mulde, entre Bitterfeld et Dessau, et aller rejoindre Bernadotte qui se trouvait déjà de l'autre côté de la rivière. Dans ces conditions, il nous semble qu'au lieu d'accepter la jonction de toutes les armées alliées sur Leipzig, sauf à prendre les mesures pour se soustraire à leur étreinte, il était préférable d'essayer d'empêcher cette jonction, car il était encore temps de s'y opposer. Il suffisait pour cela de manœuvrer par la gauche et non par la droite de la Mulde, en cherchant à refouler les armées de Silésie et du Nord réunies dans l'angle de l'Elbe et de la Saale.

Pour réaliser ce projet, Napoléon pouvait employer les troupes de Ney qui étaient les plus avancées sur la rive droite, c'est-à-dire Reynier, Bertrand et Souham, à nettoyer de ce côté tout le pays compris entre la Mulde et l'Elbe; mais en même temps au lieu de pousser le reste dans la même direction, il convenait, croyons-nous, de prendre les mesures pour déboucher en masse sur la rive gauche le 11. On pouvait profiter des dernières heures de la journée du 10 pour préparer l'opération, en portant sur Bitterfeld Souham qui formait la gauche de Ney, Marmont et Latour-Maubourg dans la direction de Delitsch, la garde à gauche de Düben et en rapprochant Macdonald de ce dernier point.

Ces dispositions prises, on pouvait, le 11, marcher droit sur l'ennemi, la droite appuyée à la Mulde avec les corps de Souham, de Macdonald, de Marmont et de la garde, c'est-à-dire avec plus de 100,000 hommes que Ney aurait pu appuyer le jour suivant en passant à son tour la Mulde entre Bitterfeld et Dessau.

En présence de cette offensive, que pouvaient faire Blücher et Bernadotte? Ou bien se retirer ensemble sur l'Elbe et se couvrir du fleuve; mais poursuivis l'épée dans les reins, ils n'auraient pas réussi à passer sur la rive droite sans éprouver de graves dommages. C'eût été le cas ensuite pour nous de revenir par Wittenberg, afin d'attaquer de nouveau l'ennemi sur la rive droite, en examinant toutefois s'il fallait y pousser le gros de l'armée, ou bien s'il n'était pas préférable de n'y porter que les troupes de Ney avec une nombreuse cavalerie pour harceler seulement l'ennemi en retraite et détruire tous ses ponts, en reportant le gros des forces françaises contre l'armée de Bohême qui, restant seule à notre portée, se serait trouvée dans une situation d'autant plus critique qu'elle se serait avancée davantage sur Leipzig.

Blücher et Bernadotte pouvaient aussi se retirer ensemble sur la Saale; dans ce cas, Marmont, débouchant de Delitsch avec une partie de la garde, les aurait sans doute empêchés d'atteindre Halle. Dans ces conditions, l'armée de Silésie et celle du Nord auraient été obligées de se couvrir de la Saale en la passant au-dessous de Halle, et elles n'y seraient pas arrivées sans éprouver de grandes pertes. Une fois ce résultat obtenu, il suffisait de laisser devant elles une quarantaine de mille hommes pour les observer et les contenir, et l'on pouvait ramener le reste sur Leipzig pour rallier Murat et combattre l'armée de Bohême, avec la presque certitude de ne pas la voir soutenue pendant au moins 48 heures.

Si, contrairement à ce que je viens de supposer, on n'avait pu prévenir Blücher à Halle, et c'est ce qui serait arrivé si l'on n'exécutait le mouvement offensif sur la gauche de la Mulde que le 12 au lieu du 11, alors on pouvait craindre de le voir rallier Schwarzenberg par la plaine de Lützen. C'était alors le cas d'éviter une bataille générale en se tenant prêt à évacuer Leipzig et à se retirer sur la rive droite de l'Elbe, par Torgau et Wittenberg, en y appelant Saint-Cyr.

Enfin Bernadotte et Blücher pouvaient se retirer en se séparant, l'un se couvrant de l'Elbe, l'autre se portant sur la Saale. Une fois débarrassé du premier, il convenait de le laisser sur la rive droite en détruisant ses ponts, de pousser le second au delà de la Saale en s'efforçant de prévenir à Halle et de revenir ensuite sur l'armée de Bohême avec le gros de l'armée.

On voit en somme combien dans les deux dernières hypothèses il était important de prévenir l'ennemi à Halle.

Dans les circonstances où l'on se trouvait, Halle était un véritable point stratégique, c'est-à-dire un point dont l'occupation avait une grande importance pour les deux adversaires au point de vue des opérations ultérieures. Et l'on peut s'étonner que Napoléon, qui jadis avait si bien apprécié l'importance de la Stradella avant Marengo, de Donauwerth avant Ulm, du défilé de Kosen avant Iéna, n'en ait pas été frappé; car si l'on eût pu empêcher l'armée de Silésie d'y arriver en la rejetant sur la basse Saale, on était à peu près sûr de pouvoir revenir sur Schwarzenberg avant que Blücher pût le secourir.

On peut remarquer, d'ailleurs, que l'on aurait presque certainement réussi à arrêter le mouvement de ce dernier sur Halle, si, dès le 11 au matin, Marmont eut été dirigé de Delitsch sur Landsberg avec la moitié de la garde et une nombreuse cavalerie, tandis que le 3e corps, avec le reste de la garde, appuyait le mouvement à droite, et que Macdonald débouchant de Düben, servait de réserve.

Le 10, Napoléon avait donc encore des chances de battre les deux masses ennemies l'une après l'autre, et il est probable que si Blücher eût été fortement secoué le 11 et le 12, Schwarzenberg n'aurait pas demandé son reste; mais lui-même n'aurait pas réussi à rentrer en Bohême sans de graves dommages.

Nous croyons donc qu'en portant le 11 le gros de ses forces sur la rive droite de la Mulde, tandis que l'ennemi était du côté opposé, Napoléon a commis une véritable faute. Il prêtait gratuitement à ses adversaires l'intention de repasser sur la rive droite de l'Elbe, et son projet était de les y atteindre; mais, justement, Blücher et Bernadotte avaient d'autres desseins. En se laissant guider par des conjectures, Napoléon a manqué la dernière occasion qui se présentait de battre ses ennemis séparément. En se tenant sur la rive droite de la Mulde, il les laisse libres de leurs mouvements, leur donne le temps de se reprendre et de combiner leurs opérations de manière à se rapprocher de l'armée de Bohême.

D'ailleurs, Napoléon ne se rend pas bien compte des projets de ses adversaires. « On ne reconnaît une armée qu'avec une armée », devait dire plus tard le maréchal Bugeaud; aussi en abandonnant les armées de Silésie et du Nord, Napoléon ne peut savoir au juste ce qu'elles deviennent. Il est réduit à faire reposer ses combinaisons sur des hypothèses, sans savoir si elles sont conformes à la réalité. De là la cause de tous les faux mouvements qu'il va prescrire et qui devaient l'amener à livrer bataille dans des conditions désastreuses.

Il apprend bien, le 12, que Blücher s'est porté sur la Saale, mais il croit, sans motif, que l'armée de Silésie seule a pris cette direction, et que l'armée du Nord a repassé sur la rive droite ; tandis qu'en réalité elles étaient l'une et l'autre sur la Saale, l'armée du Nord n'ayant laissé qu'un corps à la garde des ponts de l'Elbe, et c'est la présence de ce corps qui avait trompé Napoléon.

Quant au mouvement qu'avaient exécuté ses adversaires, nous dirons, sans hésiter, que l'on ne peut que le louer.

Sans doute ils abandonnaient leurs communications avec Berlin, mais c'était là une situation qui n'était pas faite pour les arrêter.

Ils avaient avec eux de quoi combattre et traversaient un pays ami où ils étaient sûrs de trouver les moyens de vivre.

Dans ces conditions, ils pouvaient accepter d'être privés momentanément de leurs communications naturelles. Ce qui est vrai, c'est que, pouvant être attaqués par Napoléon, qui disposait de forces supérieures aux leurs, ils risquaient d'être battus, et nous croyons que c'est ce qui serait arrivé si Napoléon avait marché droit sur eux le 11 octobre. Mais ils auraient couru les mêmes risques en cherchant à revenir sur la rive droite, et en même temps ils auraient perdu toutes les chances de se rapprocher de l'armée de Bohême. Il faut donc convenir que le parti auquel s'arrêtèrent Blücher et Bernadotte, s'il ne manquait pas d'audace, était en rapport avec la situation générale. On doit remarquer, d'ailleurs, que de quelque manière qu'ils s'y prissent pour marcher au-devant de Schwarzenberg, ils ne pouvaient manquer de courir certains dangers ; c'était la conséquence du plan général qui avait été adopté et qui consistait à prendre l'offensive par deux lignes d'opérations éloignées. Il était bien certain qu'en cherchant à exécuter ce plan, on se trouverait à de certains moments à portée des coups de Napoléon, et il fallait bien s'exposer à quelques dangers pour réussir. Dans le fait, les Coalisés ont évité ces dangers et ont réussi.

C'est que, si la violation des principes présente certains inconvénients, ils sont souvent compensés par les avantages que procure toujours une initiative hardie.

Pour critiquer le mouvement des armées de Silésie et du Nord sur la Saale, on rappelle ce mot de Napoléon :

« Changer sa ligne d'opérations est considéré comme la manœuvre la plus habile qu'exige l'art de la guerre », et l'on ajoute : *Mais la perdre ?*[1]

Eh bien, les événements qui provoquent ces observations sont justement faits pour répondre. Ils prouvent que, dans certaines circonstances, on peut la perdre sans se perdre soi-même, et, par conséquent, qu'il est des cas où c'est permis.

En faisant ces critiques, on part toujours de ces idées fausses qui consistent à considérer les principes de l'art de la guerre comme des vérités absolues, ne dépendant pas des circonstances. Or, je ne cesserai de le répéter, pour bien apprécier les principes, il ne faut leur demander que ce qu'ils peuvent donner. Le but essentiel de la stratégie est de combiner les mouvements des armées en dehors du champ de bataille, en déterminant les directions à suivre et les positions à occuper ; mais il ne faut jamais perdre de vue que la bataille est toujours l'événement décisif d'une opération militaire. Tant qu'elle n'est pas livrée, rien n'est décidé ; les avantages que l'on a pu obtenir auparavant ne sont que secondaires, on peut même dire provisoires. En somme, la guerre est avant tout une question de force, et les directions les meilleures à suivre, comme les positions les meilleures à occuper, dépendent essentiellement de la force relative des armées en présence.

Telle direction qui est très avantageuse si l'on est le plus fort, peut être la plus dangereuse si l'on est le plus faible ; on peut même dire que la meilleure dans le premier cas sera souvent la plus mauvaise dans le second. Et, en effet, ce que l'on a de mieux à faire quand on est le plus fort, c'est de chercher la bataille en menaçant les communications de l'ennemi. Or le plus souvent, en les attaquant on livre plus ou moins les siennes ; autrement dit, quand on tourne l'ennemi on est tourné soi-même ; de sorte qu'en

---

[1] Voir *Fragments stratégiques sur la campagne de 1813*, p. 37.

somme c'est le plus fort qui seul a raison, et c'est le résultat de la bataille qui montre celui qui a vu juste. Il y a donc des mouvements excellents quand on est le plus fort et qui doivent être absolument interdits quand on est le plus faible. Le passage du Danube au-dessous d'Ulm en 1805, le débouché en Saxe par le Frankenwald en 1806, auraient pu amener le désastre de l'armée française, si elle eût été inférieure à ses adversaires. Au contraire, la marche de l'armée de Châlons sur Montmédy, en 1870, aurait donné les meilleurs résultats si cette armée eût été supérieure en force à l'armée prussienne, et capable d'obtenir une grande victoire; car cette victoire l'aurait amenée rapidement sur Metz, de manière à rendre la retraite des Allemands désastreuse. C'est pour une raison semblable que le projet de M. de Freycinet de débloquer Paris en menaçant les communications des Allemands était absolument déraisonnable, tandis que le projet beaucoup plus modeste du général Ducrot, voulant opérer par la basse Seine, était le seul sensé.

Dans la détermination des directions et des positions stratégiques, il ne faut donc pas voir qu'une question de géométrie, mais surtout une question de dynamique.

Aussi nous croyons que, grâce à la supériorité numérique des armées alliées en 1813, et aussi au soulèvement de toute l'Allemagne sur nos derrières, le mouvement de Blücher et de Bernadotte sur la Saale était ce qu'ils avaient de mieux à faire le 11 octobre pour échapper à leur adversaire. Ce mouvement a complètement dérouté Napoléon, et il est certain qu'avec les dispositions qu'il avait prises, le retour de ses adversaires sur la rive droite de l'Elbe aurait bien mieux fait son affaire; mais c'est pour cela que ses adversaires ont pris le bon parti; il n'est pas besoin d'en dire davantage pour le justifier.

En réalité, Blücher et Bernadotte, en se portant sur la Saale, se sont complètement mis à l'abri des coups de Napoléon en le trompant, et il leur a fait la partie belle en évitant de les suivre.

Mais ce qui est bien autrement grave, c'est le parti qu'il prend, le 12 et le 13, de marcher sur Leipzig.

Il a vu, les jours précédents, Blücher et Bernadotte se dérober, mais il croit qu'en se retirant ils se sont séparés, que le premier s'est porté sur la Saale, tandis que le second a repassé sur la rive droite de l'Elbe.

Il pense que le dernier est hors de cause, tandis que l'autre cherche à joindre Schwarzenberg par la Saale.

Il espère atteindre l'armée de Bohême avant la jonction, et c'est pour cela qu'il porte toutes ses forces sur Leipzig. Et d'ailleurs, se croyant débarrassé de Bernadotte, la perspective d'avoir en même temps Blücher et Schwarzenberg sur les bras ne l'effraie pas ; il estime que malgré son infériorité, en réalité peu sensible, et grâce à la séparation de ses adversaires, il réussira à avoir raison de l'un et de l'autre.

Aussi ne se presse-t-il pas de marcher sur Leipzig ; il tient auparavant à détruire tous les passages de l'Elbe, de manière à pouvoir disposer de toutes ses troupes pour la bataille sans avoir à redouter le retour de l'armée du Nord. Tout cela aurait été fort bien conçu si les hypothèses de Napoléon eussent été conformes à la réalité ; mais il en était autrement, et, loin de s'être couvert de l'Elbe, Bernadotte s'était porté sur la Saale en même temps que Blücher. Il était donc en mesure lui aussi de prendre part à la bataille, et Napoléon était exposé à la livrer avec une infériorité de forces qui ne lui permettait pas d'espérer la victoire. Or il est certain qu'en courant un pareil risque, Napoléon a commis une véritable faute qui a consisté à avoir encore réglé ses mouvements d'après des conjectures, sans se dire que, si elles n'étaient pas conformes à la réalité, il allait courir au-devant d'un véritable désastre.

Les historiens ont beaucoup discuté la question de savoir quels étaient au juste les motifs qui avaient déterminé Napoléon à marcher de Düben sur Leipzig, et cela se comprend, car c'est en prenant ce parti qu'il a amené la ruine de son armée. Depuis six semaines, il n'avait obtenu aucun succès, ses adversaires s'étaient tour à tour dérobés à ses coups, au moment où il croyait les atteindre ; mais en somme son armée était restée intacte. Au contraire, en la conduisant à Leipzig, Napoléon allait la perdre et s'enlever les moyens même de défendre la frontière du Rhin.

On conçoit donc que l'on ait recherché les causes de ce mouvement décisif, tout le monde ne les ayant pas appréciées telles que nous l'avons exposé plus haut, et la question mérite que l'on s'y arrête.

D'après Napoléon lui-même, ce serait la nouvelle de la défec-

tion de la Bavière et de la marche d'une armée austro-bavaroise
de 80,000 hommes sur le Rhin qui l'aurait amené à se porter sur
Leipzig.

C'est aussi l'avis de Pelet, de Marbot et de Ségur. Il semble
qu'à ce moment le projet de l'Empereur soit de se rapprocher du
Rhin par la Saale; il espère sans doute y arriver en passant sur
le corps de ceux qui chercheront à s'y opposer. Mais il y a autre
chose, sans quoi il appellerait Saint-Cyr, tandis qu'il compte le
dégager après la bataille. Il espère donc la victoire, et pour cela
il faut qu'il ne croie pas à la réunion de toutes les armées ennemies.

Malgré l'affirmation de l'Empereur, Thiers soutient que ce
n'est pas la défection de la Bavière qui a amené Napoléon sur
Leipzig, mais seulement l'intention de rester interposé entre
Blücher et Schwarzenberg, avec l'espoir de battre le second avant
l'arrivée du premier. Il donne, pour appuyer cette manière de
voir, une raison qui lui paraît décisive, c'est que Napoléon a
donné, le 12, ses ordres pour marcher sur Leipzig, tandis qu'il n'a
connu la défection de la Bavière que le 13. Voilà ce que l'on peut
constater, d'après l'historien du Consulat et de l'Empire, en
regardant les événements de près. Mais nous croyons qu'en les
regardant d'encore plus près, on s'aperçoit que l'argumentation
de Thiers, tout en contenant beaucoup de vérité, n'est pas tout
à fait juste. Il est vrai que c'est le 12, en apprenant les progrès
de l'armée de Bohême, que Napoléon songe à marcher sur
Leipzig, mais il faut distinguer entre le projet et les ordres
d'exécution.

On sait que, dans les circonstances graves, Napoléon rédigeait
pour lui-même des notes sur ce qu'il appelait la situation de ses
affaires, dans lesquelles il discutait les divers partis à prendre,
leurs avantages, leurs inconvénients, et concluait à celui qui
était préférable.

C'est ainsi qu'à Dresde, à la fin d'août, il avait établi une note
faisant ressortir qu'il fallait opérer sur Berlin et non pas sur
Prague. Or, le 12 octobre, Napoléon a rédigé une note de ce
genre, relative à son projet de marche; en outre il a fait écrire
par Berthier une lettre au roi de Naples sur le même sujet. Il est
dit dans l'une et l'autre que l'Empereur est prêt à se porter sur
Leipzig avec toute son armée, et qu'elle pourra y être rendue

le 14, mais que les dispositions à prendre dépendront de ce que pourra faire Murat. Comme nous l'avons vu plus haut, il lui demandait de faire connaître s'il pouvait tenir en avant de Leipzig toute la journée du 13. En attendant la réponse, Napoléon ne donne aucun ordre d'exécution[1] ; il n'en donne pas davantage au milieu de la nuit du 12 au 13, quand il reçoit de Murat une réponse affirmative et rassurante. Il pense au contraire que l'attitude de Murat lui donne le temps d'achever ses opérations sur l'Elbe ; à une heure du matin, il envoie encore des ordres dans ce sens, et ce n'est qu'à 4 heures qu'il renverse toutes ses dispositions pour reporter son armée sur Leipzig. D'après Pelet, c'est justement dans l'intervalle qu'il apprend la défection de la Bavière, et, d'après Marbot, il en aurait eu avis par une lettre du roi de Wurtemberg qui déjà, plusieurs jours auparavant, l'avait prévenu que cette défection était imminente.

De toutes ces considérations, il résulte que ce n'est pas une raison simple et unique qui a porté Napoléon à diriger son armée sur Leipzig, mais un ensemble de motifs assez complexe.

C'est bien l'approche de l'armée de Bohême sur Leipzig, coïncidant avec le mouvement de retraite de Blücher sur la Saale, et l'hypothèse gratuite que fait Napoléon sur l'éloignement de Bernadotte, qui lui en donnent la première idée ; mais c'est la nouvelle de la défection de la Bavière qui est la raison déterminante. En la recevant, il croit sans doute que la période des atermoiements est terminée, qu'il faut en finir, soit en se rapprochant du Rhin, soit en redevenant maître du pays entre l'Elbe et la Saale par une grande victoire, et comme, en même temps, il espère que Blücher n'arrivera pas pour le premier jour de la lutte et que Bernadotte n'y viendra pas du tout, il se croit en mesure d'obtenir dès le début de ces opérations une victoire éclatante sur Schwarzenberg. Tel est, croyons-nous, le développement de la pensée de Napoléon pendant ces journées décisives.

D'autres écrivains ont cru trouver la cause de la détermination

---

[1] On trouve, il est vrai, dans la *Correspondance* un ordre à Berthier du 12 qui doit diriger de suite sur Düben, Ney et Macdonald ; mais il est clair que cet ordre a été contremandé, puisque d'après un autre ordre du 13 à 1 heure du matin Ney doit encore appuyer Reynier sur Ackou avant de se replier sur Düben.

de Napoléon dans une sorte de révolte des maréchaux. C'est l'opinion que le général Pierron a exprimée en rappelant, pour l'appuyer, un récit de Caulaincourt[1] sur ces événements. D'après ce document, les maréchaux auraient fait une démarche près de Napoléon pour lui demander de ne pas passer sur la rive droite de l'Elbe. L'un d'eux aurait pris la parole, mais il est regrettable que le narrateur ait évité de le nommer. On voudrait savoir aussi le moment de cette intervention des principaux personnages de l'armée; ce ne peut être avant le 12, car Napoléon, qui a eu la nuit précédente une longue conversation avec Marmont, n'aurait pas manqué de revenir sur ce sujet et l'on en trouverait certainement trace dans les Mémoires du duc de Raguse qui, au contraire, n'en dit pas un seul mot.

Cette date du 12 s'accorde d'ailleurs avec ce fait qui résulte du récit de Caulaincourt qu'après l'intervention des maréchaux, Napoléon serait encore resté deux jours à Düben; mais, d'autre part, il dit qu'elle a été déterminée par la nouvelle de la défection de la Bavière qui n'a été connue que le 13 au matin. Je reconnais toutefois que cette objection n'est pas décisive, car l'imminence de cette défection a pu être envisagée avant qu'elle ait été notifiée formellement. Si la démarche a eu lieu, c'est donc le 12 dans la matinée; admettons cette date qui est d'ailleurs celle du premier projet de Napoléon de marcher sur Leipzig.

Après le départ des maréchaux, Caulaincourt nous représente l'Empereur comme renfermé seul, livré à ses méditations et ne s'occupant de rien pendant toute la journée et le lendemain restant encore indécis en affirmant que tout était perdu. Or, je demande s'il est possible d'admettre la véracité de ce récit, lorsque l'on a la correspondance de Napoléon sous les yeux.

On y voit, au contraire, que pendant la journée du 12, Napoléon a écrit à Ney, à Berthier, au duc de Bassano, plusieurs fois à Marmont et à Murat, et qu'il donne dans ses lettres des instructions très nettes sur ce qu'il y a à faire et notamment au sujet des mouvements que l'armée exécutera pour se rapprocher de Düben. Il en est de même le 13. La prétendue inaction de Napoléon, son affaissement pendant ces deux jours ne sont donc pas

---

[1] Voir *Journal des Sciences militaires*, décembre 1890.

réels, et, par suite, il est manifeste que la scène rapportée par Caulaincourt a été imaginée après coup. Sans doute, cette fable repose sur quelques éléments véridiques; ainsi, il est bien probable que pendant ces journées les maréchaux ont exprimé une sorte de découragement et le désir de se rapprocher de la France soit en l'absence, soit en la présence de Napoléon, et que leur attitude a provoqué quelques réflexions désobligeantes de l'Empereur; mais ce que nous n'admettons pas, c'est cette démarche en corps et surtout l'influence qu'elle aurait eue sur les déterminations de Napoléon. Et d'ailleurs, en présence de leur désir de se rapprocher du Rhin, n'avait-il pas la ressource de leur montrer que le meilleur moyen d'y arriver était de passer sur la rive droite pour revenir ensuite par Magdebourg, s'il avait été bien convaincu lui-même que la marche sur Leipzig était périlleuse. Mais il est loin d'en juger ainsi et la preuve c'est qu'il fait écrire, le 14, à Saint-Cyr qu'il va livrer bataille et qu'ensuite il ira le dégager. Enfin, je dirai qu'on ne trouve trace de la scène à laquelle le général Pierron attribue tant d'importance ni dans les Mémoires de Napoléon, ni dans Marbot, ni dans Ségur, ni dans Thiers, qui n'en parlent pas plus que Marmont. Pelet n'en dit quelques mots que pour la rejeter. Saint-Cyr en parle, mais en renversant les rôles, c'est-à-dire en attribuant à Napoléon la volonté de marcher sur Leipzig et aux maréchaux le désir de passer sur la rive droite [1].

Il y a donc eu quelque chose, mais, je le répète, ce ne sont pas les maréchaux qui ont poussé Napoléon à Leipzig; il y a été de son plein gré, croyant qu'il aurait encore le temps de battre l'armée de Bohême avant l'arrivée des autres armées de la Coalition.

D'autres encore ont prétendu qu'il s'attendait à une bataille générale et qu'il en acceptait d'avance l'éventualité. Cette manière de voir ne nous semble pas non plus exacte. Il est vrai que le 6, avant de quitter Dresde, ne se croyant pas certain de prévenir la jonction des deux masses ennemies, il avait envisagé un moment la possibilité de cette bataille, et c'est pour cela qu'il avait pres-

---

[1] Saint-Cyr émet d'ailleurs l'avis que la marche sur Leipzig devait convenir à l'esprit de Napoléon, justement parce qu'elle était aventureuse.

crit à Saint-Cyr de se préparer à évacuer Dresde; mais il n'en est plus de même à Düben. Sans doute, la bataille générale ne lui paraît pas impossible, et avec la trempe de son caractère qui l'empêchera, après avoir pris le contact, de refuser le combat: si elle se présente il l'acceptera; mais en quittant Düben il espère encore pouvoir l'éviter et réussir à battre ses adversaires successivement.

Telle est, croyons-nous, la pensée de Napoléon lorsque, le 13 au matin, il précipite le mouvement de son armée sur Leipzig. Mais, dira-t-on, s'il en est ainsi, pourquoi persiste-t-il dans son projet lorsque, le 14 avant de quitter Düben, il apprend que ses hypothèses sur la situation de Bernadotte sont inexactes, et qu'au lieu de passer sur la rive droite de l'Elbe, ce dernier s'est porté sur la Saale en même temps que Blücher.

Le 10, en poussant le gros de ses forces sur Wittenberg, il avait envisagé cette éventualité et il avait admis qu'elle comportait une tout autre solution. Se rendant bien compte que, dans cette hypothèse il ne pouvait plus empêcher la jonction de toutes les forces des Alliés, il s'était promis de s'y dérober, en passant lui-même sur la rive droite, de manière à ajourner la bataille.

On peut donc s'étonner que, cette hypothèse se réalisant et après l'avoir reconnu, il ait néanmoins persisté à marcher sur Leipzig.

Sur ce point, nous croyons qu'on peut bien fournir une explication, mais non pas une justification.

A notre avis, les raisons qui ont amené Napoléon à persister dans son mouvement sont de deux sortes :

D'abord, malgré la présence de Bernadotte sur la Saale, il espère avoir encore le temps de battre Schwarzenberg avant son arrivée et peut-être même avant celle de Blücher.

Ensuite Napoléon veut en finir; depuis deux mois qu'il cherche une occasion d'en venir aux mains sans trouver la bataille qu'il désire, il est à bout de patience.

Cette bataille, il a cru depuis deux jours l'avoir dans des conditions favorables. Il apprend que les circonstances ne sont plus telles qu'il l'avait espéré, et, néanmoins, il persiste dans son projet parce qu'il n'est plus maître de lui; il était dominé par les événements, énervé par la résistance qu'il trouvait autour de lui et ne se possédait plus assez pour continuer à jouer serré. Au

surplus, si ses lieutenants s'étaient fait battre, lui-même ne l'avait
amais été, et il pouvait croire qu'il n'y avait pas de difficultés
qu'il ne fût capable de surmonter par sa présence; d'ailleurs, se
trouvant en contact avec ses adversaires, la trempe de son caractère l'empêche d'éluder la lutte décisive. En outre, il se croit
toujours maître de diriger les événements. « Je ne livrerai
bataille que quand je le voudrai, disait-il à Marmont dans la
nuit du 11 au 12, ils n'oseront jamais m'attaquer. » C'est sur ce
point qu'il se trompait gravement; car il avait amené ses adversaires à un tel degré d'exaspération, que tous étaient décidés à
en finir par une bataille générale.

D'ailleurs, leur prudence était à la hauteur de leur ardeur. Ils
n'avaient pas hésité à prendre l'attitude de fuyards tant que les
conditions de la bataille ne leur semblaient pas favorables;
maintenant qu'ils avaient réussi en se rapprochant à éviter les
dangers de leur division, ils étaient résolus à prendre l'offensive, mais en y mettant encore la plus grande circonspection.
Blücher, à Halle, guettait d'un côté les mouvements de l'armée
française, et en même temps entrait en communication avec
Schwarzenberg. Il était bien résolu à concourir à la bataille,
mais sans se compromettre et en évitant d'avoir seul affaire au
gros de l'armée française, et il faut bien reconnaître que les
Alliés n'avaient pas seulement le nombre pour eux, mais aussi
l'habileté.

Tandis que Napoléon agissait par un coup de tête, eux-mêmes
n'étaient conduits que par la plus saine raison.

On a beau dire que depuis longtemps, Napoléon lui-même avait
envisagé l'hypothèse d'une bataille générale, il est certain qu'il
ne s'y était jamais arrêté que comme à un pis aller, et en somme
toutes les manœuvres qu'il avait tentées depuis près de deux
mois n'avaient pas d'autre but que de profiter de la séparation
des armées alliées pour les battre l'une après l'autre [1].

---

[1] Pour appuyer cette opinion que Napoléon acceptait et même désirait la
bataille générale, on rappelle une lettre du 11 mars, comme s'il y avait le
moindre rapport entre la situation du mois de mars et celle du mois d'octobre.
Il s'en faut que ce soit là le caractère essentiel de ses opérations ou, comme
on dit bien à tort, son plan intégral. (Voir *Fragments stratégiques sur la
campagne de 1813*, page 24.)

En réalité, depuis que le 11 il avait laissé échapper Blücher, il avait bien peu de chance d'y parvenir; ses adversaires avaient réussi à se rapprocher à petite distance l'un de l'autre et il ne pouvait plus empêcher leur jonction.

Il convenait donc de se dérober à leur étreinte, sauf à rechercher des conditions de lutte plus favorables, mais en songeant surtout à se rapprocher du Rhin. A la rigueur, la résolution que prend Napoléon de se porter sur Leipzig peut se justifier tant qu'il croit Bernadotte sur la rive droite de l'Elbe; mais il n'en est plus de même dès qu'il sait que l'armée du Nord a été sur la Saale avec celle de Silésie.

Le 14 au matin, au lieu d'aller sur Leipzig avec l'intention de livrer bataille, Napoléon devait donc avoir surtout pour but de l'éviter; non pas qu'il convînt d'évacuer Leipzig sur-le-champ, mais il fallait manœuvrer de manière à être toujours prêt à s'en éloigner en se retirant sur la Mulde. Le mieux était, croyons-nous, d'essayer encore d'atteindre Blücher et Bernadotte en se disposant à les attaquer avec les 140,000 hommes qui avaient descendu la Mulde à partir du 9 et en laissant Murat livré à lui-même avec ses forces qui, depuis l'arrivée d'Augereau, se montaient à près de 70,000 hommes. Dans ces conditions il suffisait de renouveler les ordres qui avaient été donnés au roi de Naples quelques jours plus tôt et qui devaient le conduire, dès qu'il serait obligé à céder Leipzig à l'armée de Bohême, à se retirer sur la Mulde dans la direction de Torgau.

En outre, il convenait de prescrire à Saint-Cyr d'évacuer Dresde et de se porter sur Torgau par la rive droite, car une fois toutes les forces alliées sur la rive gauche, la position de Dresde qui avait déjà été si nuisible pendant la période précédente, ne pouvait plus être utile à rien, même éventuellement. Saint-Cyr, prévenu le 15 au matin, pouvait partir le 16 et arriver à proximité de Torgau le 18. Pendant ce temps Napoléon cherchait la bataille contre Blücher et Bernadotte; simulant d'abord la fuite, il pouvait se retourner brusquement contre eux et les rejeter au delà de la Saale, puis se retourner contre Schwarzenberg en ralliant Murat avec Marmont, Macdonald, la garde et Saint-Cyr débouchant de Torgau. Si l'opération ne réussissait pas, il fallait absolument se retirer sur l'Elbe, le passer à Torgau et Witten-berg pour marcher ensuite sur Magdebourg. C'était la seule manière d'éviter une lutte qui ne pouvait être que défavorable et de se rapprocher du Rhin avec toutes les forces françaises; car non seulement on ralliait Saint-Cyr, mais peut-être était-il encore temps de dégager et de ramener les garnisons des places de l'Oder; de sorte qu'au bout d'un mois Napoléon aurait été en mesure de déboucher de Magdebourg avec près de 300,000 hommes.

Malheureusement il n'était pas homme à faire résolument la part du feu, il n'était pas prêt à sacrifier une grandeur impossible pour conserver celle qui était légitime.

Il n'avait jamais procédé que par coups de foudre et l'idée qu'en marchant sur Leipzig il allait jouer son va-tout, était faite pour le séduire.

On peut dire, en outre, qu'après avoir pris ce parti, Napoléon n'a mis aucune habileté dans l'exécution. La première condition à réaliser était en effet d'essayer de dissimuler le mouvement sur Leipzig. Or en portant dès le 12 le corps de Marmont sur cette ville, il permettait à Blücher de se rendre compte de tous les mouvements qu'allait exécuter l'armée française, tout en s'enlevant à lui-même les moyens d'observer ceux de son adversaire et de le contenir.

Nous croyons donc que voulant marcher sur Leipzig, Napoléon aurait dû laisser Marmont à Dœlitzsch, où il l'avait porté le 12 dans la matinée, l'y maintenir pendant les journées du 13 et du 14 de manière à couvrir la marche des autres corps d'armée, et même le pousser sur Landsberg avec une partie de la garde. Napoléon a d'ailleurs si bien compris qu'il avait prescrit un faux mouvement que, après avoir poussé Marmont sur Leipzig le 12 au soir, il l'a rappelé le lendemain au nord-ouest de la ville. C'est le désir de soutenir Murat qui l'avait amené à prendre sa première détermination; mais en tenant compte de cette nécessité, rien ne l'empêchait, après avoir disposé d'une partie de la garde pour appuyer Marmont sur Dœlitzsch et Landsberg, de diriger le reste sur Leipzig pour soutenir le roi de Naples.

Si Napoléon eût pris ces dispositions, en les complétant d'ailleurs par l'envoi d'une nombreuse cavalerie dans la direction de la Saale, il est fort probable qu'il aurait maintenu jusqu'au 15 au soir, aux environs de Halle, Blücher qui malgré son ardeur n'agissait qu'avec beaucoup de circonspection; au contraire il aurait pu lui-même disposer de toutes ses forces contre l'armée de Bohême, dans la journée du 16, car Marmont marchant pendant la soirée ou la nuit du 15 au 16, aurait pu y concourir, sauf à laisser une forte arrière-garde sur la position de Breitenfeld.

Ayant négligé toutes ces précautions, Napoléon devait être conduit à livrer la bataille dans des conditions imprévues et c'est ce qui devait amener, le 16, les hésitations et finalement l'inaction des 30,000 hommes du maréchal Ney dont le concours eût été si utile pour la bataille. On peut remarquer d'ailleurs que jusqu'à la fin Napoléon devait se laisser diriger par des hypothèses contraires à la réalité.

Le 15 au soir Marmont le prévient que Blücher paraît, non pas en marche par la Saale sur Lützen, mais au contraire sur la rive droite de l'Elster, entre Halle et Landsberg et prêt à revenir droit sur Leipzig; mais avec ses idées préconçues Napoléon refuse d'ajouter foi à ce renseignement cependant exact.

L'idée de supposer à Blücher l'intention de se joindre à Schwarzenberg par Lützen était certainement très raisonnable; il est certain cependant, que, si Blücher l'avait réalisée, c'eut été une circonstance favorable à Napoléon qui, en raison du détour de l'armée de Silésie, aurait pu avoir le temps d'attaquer et de battre l'armée de Bohême avant qu'elle pût être secourue. Il convenait donc d'envisager l'autre hypothèse, celle du retour de Blücher par la rive droite de l'Elster, et la faute de Napoléon a consisté à rejeter cette hypothèse sans vérification et malgré des renseignements qui la représentaient comme conforme à la réalité, alors que si ces renseignements étaient vrais, l'arrivée de l'armée de Silésie pour la première bataille allait lui en rendre le gain très difficile.

Napoléon aurait su à quoi s'en tenir si, au lieu d'abandonner sitôt Blücher, il eût continué son offensive jusqu'à la Saale.

En terminant ces observations nous croyons devoir revenir encore une fois sur les propriétés des lignes intérieures, car l'analyse de ces derniers événements peut nous permettre d'en compléter la théorie. Les opérations des deux périodes précédentes nous ont amené à reconnaître qu'il faut éviter d'attaquer en même temps sur plusieurs points à la fois et, quand on a choisi son point d'attaque, qu'il faut s'y engager en poussant l'offensive à fond.

Nous dirons de plus maintenant, en présence des événements qui se sont déroulés du 10 au 15 octobre, qu'il faut renoncer à la pratique des lignes intérieures dès qu'on n'a pu empêcher ses adversaires de se rapprocher pour s'entr'aider, s'ils ont une grande supériorité numérique. Il suffit alors de quelques faux mouvements, c'est-à-dire de mouvements qui ne sont pas tout à fait en rapport avec la situation réelle, pour se perdre. Or, comme l'on ne sait jamais très bien ce que fait l'ennemi, il résulte de ces observations qu'en s'acharnant à utiliser l'emploi des lignes intérieures vis-à-vis d'adversaires très supérieurs en nombre, malgré les progrès qu'ils font en se rapprochant les uns des autres, on joue trop gros jeu, et, par suite, que la prudence conseille de s'attacher surtout à se soustraire à leur étreinte.

Il est certain que si Napoléon n'avait eu affaire qu'aux armées de Bohême et de Silésie, il pouvait encore se tirer d'affaire brillamment, car cela n'eût fait que 220,000 hommes en deux armées qui, quoique se rapprochant, n'étaient pas réunies, et il en avait encore près de 200,000 à leur opposer.

Dans ces conditions il pouvait les battre et s'en débarrasser, à la condition d'avoir plusieurs jours devant lui avant d'avoir d'autres adversaires sur les bras.

Mais l'arrivée prochaine de Bernadotte et de Benningsen transformait complètement la situation. Pour se tirer d'affaire, il fallait non seulement le premier jour refouler Blücher et Schwarzenberg, mais les mettre en désordre. C'était bien difficile et les événements devaient montrer que, n'ayant seulement à combattre que ces deux adversaires, il ne devait pas obtenir en un jour une victoire décisive. Tout ce que pouvait faire Napoléon en marchant sur Leipzig, c'était d'y prendre vis-à-vis de Blücher et de Schwarzenberg une position centrale. Cela ne peut pas suffire à justifier son mouvement. Les positions centrales ne sont bonnes qu'à la condition qu'on en veuille sortir, et non pas si l'on en fait des positions tactiques pour y accepter une bataille.

Il ne faut pas confondre les propriétés des positions centrales avec celles des lignes intérieures dont elles ne sont qu'un élément.

Les occuper pour y rester vis-à-vis de forces très supérieures n'est pas un avantage, c'est même un moyen certain d'aboutir à

un désastre. Jamais, auparavant, Napoléon ne les avait recher-
chées pour devenir des champs de bataille, mais toujours pour
en faire des points de départ de mouvements offensifs.

Et si, le 15 octobre, Napoléon n'avait plus le temps de se
porter successivement contre ses deux adversaires, ce n'était certainement pas en occupant une position centrale au milieu d'eux
qu'il parviendrait à se sauver.

N'ayant pas réussi à les battre en les tenant éloignés, il n'y
avait plus pour Napoléon qu'une bonne manœuvre : c'était de
sortir du cercle dans lequel il risquait d'être étouffé et de changer
son théâtre d'opérations en recherchant autre part des conditions
plus favorables.

En résumant toutes ces observations, nous dirons d'abord que
les dispositions que prend Napoléon du 1er au 9 octobre sont tout
à fait dignes de son génie militaire.

Après s'être rendu compte de la situation générale de ses
adversaires, il ne pouvait rien faire de mieux que de marcher
contre Blücher en descendant la Mulde à la tête de 140,000
hommes. Il était en droit d'attendre de ce mouvement les plus
brillants succès.

Mais il en perd tous les avantages en portant ses forces sur la
rive droite de la Mulde, au moment même où l'armée de Silésie
passe de l'autre côté. Napoléon permet ainsi à son adversaire de
s'échapper, de se rapprocher de l'armée de Bohême en combinant
avec elle ses mouvements ultérieurs.

Ensuite, après les erreurs commises du 10 au 12, il faut reconnaître que Napoléon jouait bien gros jeu en se portant sur
Leipzig sans savoir au juste où se trouvaient les armées qui
venaient de se dérober devant lui.

En présence de ces opérations, on est obligé de convenir que,
du 10 au 14 octobre, Napoléon n'a fait que de faux calculs et
qu'il n'a prescrit que de faux mouvements parce que ses combinaisons ne reposaient que sur des conjectures dont il n'a pas
cherché à vérifier l'exactitude.

Il est certain qu'au moment même où il disait à Marmont que
la situation était bien compliquée et que lui seul était capable de
la débrouiller, il n'y voyait pas clair lui-même, et il faut reconnaître en même temps qu'il n'a rien fait pour l'éclaircir. Dans le

fait il y serait parvenu rapidement si, dès le 10 ou même le 11, il avait adopté la solution la plus simple, qui était en même temps la plus rationnelle.

Pourquoi aller chercher ses adversaires sur la rive droite de l'Elbe sans être sûr qu'ils vont y aller? Est-ce que depuis le 9 on n'était pas en contact avec Blücher? Dès lors pourquoi ne pas aller droit sur lui, au lieu de manœuvrer à distance et par conséquent dans le vide.

Il n'y avait donc qu'un bon parti à partir du 10, c'était d'attaquer avec toutes ses forces sur la rive gauche de la Mulde et en suivant Blücher dans toutes les directions qu'il avait prises [1].

En somme, nous dirons que la solution complète du problème que Napoléon avait à résoudre à la fin de septembre, quand il apprit le double mouvement des armées alliées sur ses derrières, d'un côté par la Bohême, de l'autre par le bas Elbe, était la suivante :

Manœuvrer de manière à atteindre l'une des deux armées avant leur jonction afin de les battre successivement et, dans le cas où l'on n'y réussirait pas, éviter la bataille générale et se dérober aux armées réunies en passant sur la rive droite par Torgau et Wittenberg. Agir ensuite suivant les circonstances, en ayant spécialement en vue le retour sur le Rhin par Magdebourg, en ralliant Davout et en appelant à soi Saint-Cyr.

Il est certain que Napoléon a entrevu tous les éléments de cette solution, mais il n'en pas suivi le développement d'une manière assez rigoureuse. Il a bien cherché à battre Blücher avant sa jonction avec Schwarzenberg, mais il l'a laissé échapper au moment où il avait encore de grandes chances de l'atteindre; puis, ne se rendant pas un compte assez exact de la supériorité de ses adversaires, il n'a pas été assez convaincu qu'il fallait éviter la bataille générale, et c'est ce qui l'a amené à en courir les risques en marchant de Düben sur Leipzig.

L'idée de passer sur la rive droite, qu'il a eue d'une manière très nette dès le début, était assurément fort juste, soit pour achever la défaite des armées du Nord et de Silésie, soit pour

---

[1] Cette appréciation est celle de Marmont et aussi celle de Saint-Cyr; la critique que ce dernier a présenté sur les opérations de cette campagne est de beaucoup supérieure à tout ce qu'on a écrit sur le même sujet.

leur échapper après leur jonction avec l'armée de Bohême ; c'était bien le cas, en effet, d'utiliser les propriétés de cette ligne de l'Elbe qu'il avait organisée avec tant de soin, afin d'y trouver à la fois des approvisionnements et des facilités de manœuvres ; mais on peut dire qu'en cherchant à en tirer parti, Napoléon a d'abord voulu réaliser son projet prématurément, avant d'avoir battu aucun de ses adversaires et sans même savoir s'ils étaient disposés à se reporter eux-mêmes sur la rive droite du fleuve, et qu'ensuite il y a renoncé au moment où il ne pouvait plus empêcher la jonction de toutes les armées alliées au moins par la Saale, c'est-à-dire au moment où justement c'était la meilleure ressource, peut-être la seule, qui fût capable de lui permettre de se dérober à leur étreinte.

Ses adversaires, au contraire, en manœuvrant avec une grande prudence, n'avaient jamais perdu de vue le but qu'ils s'étaient proposé d'atteindre et ils avaient réussi à s'approcher assez les uns des autres pour être bientôt en mesure de l'accabler dans une action commune.

On peut donc reprocher deux fautes à Napoléon pendant cette période décisive qui a précédé immédiatement la grande bataille : la première d'avoir abandonné Blücher au lieu de le suivre sur la Saale ; la seconde d'avoir marché sur Léipzig au lieu de s'en éloigner à tout prix. Il est clair que de ces deux fautes la seconde est de beaucoup la plus grave, car, si la première a permis à Blücher de se tirer d'une situation difficile, elle ne compromettait cependant pas l'armée française ; c'est la seconde seule qui a amené celle-ci à livrer la grande bataille dans des conditions désastreuses.

Napoléon n'avait plus 200,000 hommes sous la main ; ses adversaires étaient en mesure de lui en opposer davantage dès le premier jour, et 120,000 de plus deux jours plus tard.

On peut donc dire que, stratégiquement, Napoléon, le 15 au soir, avait perdu la partie. Toutes ses manœuvres tendant à profiter de la séparation des armées alliées pour les battre séparément ont échoué et il est amené, au contraire, à livrer une bataille générale dans les conditions les plus défavorables. Va-t-il trouver le moyen de ressaisir la victoire sur le champ de bataille ? Ce n'était peut-être pas absolument impossible ; il faut convenir cependant que les chances étaient bien petites, car si la concentration de toutes les forces des Alliés, le 15 au soir, n'était pas complète, leurs armées étaient déjà bien rapprochées les unes des autres. Ce qui est certain, c'est que Napoléon n'avait pas de temps à perdre; car, si le premier jour il ne livrait pas une bataille décisive en sa faveur, il était sûr, à moins de se dérober, d'avoir à en livrer rapidement une seconde et que celle-là serait décisive en faveur de ses ennemis.

### Résumé et conclusions.

Les études précédentes nous ont conduit au 15 octobre, c'est-à-dire à la veille de la bataille de Leipzig. Le rôle de la stratégie[1] est à peu près terminé; toutes les forces qui doivent concourir à la lutte ne sont pas encore arrivées sur le champ de bataille, mais elles ont reçu leur dernière direction.

Il n'est pas dans notre programme d'exposer les péripéties de cette lutte gigantesque qui devait avoir pour résultat l'affranchissement de l'Allemagne et l'effondrement de la puissance de Napoléon. Les troupes françaises, cependant, devaient se battre pendant trois jours avec héroïsme, mais l'Empereur avait amené la bataille dans des conditions d'infériorité telles qu'il ne pouvait éviter de succomber.

On peut dire que, dès le 15 au soir, au point de vue stratégique, il avait perdu la partie. Toutes les manœuvres qu'il avait tentées depuis deux mois avaient échoué, et spécialement la dernière dans laquelle il s'était proposé, en quittant Dresde, d'empêcher la jonction des deux masses principales de la Coalition et de s'en débarrasser en les battant successivement. Au contraire, il allait les avoir toutes les deux en même temps sur les bras et se trouver amené avec moins de 200,000 hommes à livrer la bataille décisive contre 320,000 hommes. Tel était, en somme, le résultat de cette campagne que Napoléon avait commencée avec près de 400,000 contre 500,000 hommes. Il est

---

[1] Ainsi que je l'ai expliqué dans une brochure récente (Librairie BAUDOIN, 1895), j'entends par *stratégie*, comme Jomini, les opérations des armées en dehors des champs de bataille, la tactique ayant pour objet la bataille elle-même.

certain qu'à première vue, et rien qu'en rapprochant les moyens des résultats, on ne peut être conduit à considérer les opérations des forces françaises comme un modèle.

Mais l'intérêt que présente au point de vue militaire l'étude de ces opérations provient de ce que ces forces avaient à leur tête Napoléon, qui auparavant avait étonné l'Europe par les plus brillants succès.

Après avoir recherché les vraies causes de sa défaite dans le travail précédent, nous croyons qu'il ne sera pas inutile, en terminant, de résumer les opérations ainsi que les observations qu'elles nous ont suggérées, afin de préciser les conclusions qu'il convient de tirer de ces événements.

En dehors de l'étude de l'organisation que nous avons cru devoir tout d'abord présenter, parce qu'elle est sans conteste une des marques les plus sensibles du génie de Napoléon, nous avons divisé les opérations elles-mêmes en trois périodes qui nous paraissent correspondre chacune à un cadre nettement défini et limité.

Dans la première, qui commence à la rupture de l'armistice que Napoléon avait eu le tort de conclure après la bataille de Bautzen et qui dure jusqu'à la fin du mois d'août, Napoléon est établi sur l'Elbe avec près de 400,000 hommes. Ses adversaires en ont 100,000 de plus ; mais comme ils sont séparés en trois masses éloignées qui ne peuvent combiner leurs opérations qu'à distance, tandis que les forces de Napoléon sont bien liées ensemble, il compte les attaquer et les battre l'un après l'autre. A cet effet, il observe attentivement les mouvements des armées de Bohême et de Silésie, prêt à tomber sur la première qui se montrera à sa portée.

Il nous paraît hors de doute que, dans ces conditions, tous les avantages de la situation étaient de son côté. Aussi, les premières opérations sont de nature à satisfaire l'Empereur. Après avoir refoulé Blücher en Silésie, il revient à Dresde pour y gagner une victoire éclatante.

Malheureusement, tandis qu'il remportait ces succès, une armée, qu'il avait malencontreusement dirigée sur Berlin, se faisait battre. Tous les critiques d'une réelle valeur, Saint-Cyr, Marmont, Jomini, sont d'accord pour reconnaître que ce mouvement sur Berlin était une faute, et que Napoléon aurait dû au moins le retarder. Quelques jours plus tard, une autre armée que Napoléon avait laissée devant Blücher éprouvait, de son côté, une défaite grave, par suite des mauvaises dispositions de son chef. Cependant, ces deux défaites éprouvées par Oudidot et Macdonald, à Grossbeeren et sur la Katzbach, étaient facilement réparables, si Napoléon eût tiré de la victoire de Dresde les conséquences qu'elle comportait, en achevant, comme il le pouvait, la la désorganisation de l'armée de Bohême qui était la principale de la Coalition. Mais, au contraire, il s'en détourna pour s'occuper des moyens de secourir ses lieutenants, lâchant ainsi la proie pour l'ombre, et, tandis qu'il combinait à Dresde les opérations à entreprendre contre les armées de Silésie et du Nord, le désastre de Kulm vint lui faire perdre tous les bénéfices de sa victoire. Ainsi, les défaites de Grossbeeren et de la Katzbach, en dehors de leurs résultats immédiats qui avaient été de diminuer nos forces de plus de 30,000 hommes et d'abaisser sensiblement le moral des troupes françaises en élevant d'autant celui des coalisés, avaient eu encore pour effet de permettre à l'armée de Bohême battue de se reprendre et, au moment même où elle pouvait craindre d'être mise hors de cause pour longtemps, de trouver le moyen de désorganiser un de nos corps et d'annihiler ainsi les résultats de la bataille de Dresde.

En somme, les trois défaites de Grossbeeren, de la Katzbach et de Kulm compensaient largement la victoire que Napoléon avait obtenue et, au bout de quinze jours de campagne sa situation, sans être précisément compromise, était bien moins bonne matériellement et moralement qu'à la reprise des hostilités.

Quant aux causes des défaites essuyées par ses lieutenants, on peut dire que toutes, sauf celle de la Katzbach qui doit retomber sur le maréchal Macdonald, sont imputables à l'Empereur lui-même. Il avait assigné à Oudinot une tâche impossible, que la médiocrité du chef ne devait pas rendre plus aisée, et le mouvement qu'il lui avait prescrit sur Berlin n'était pas en harmonie avec les dispositions générales qu'il avait adoptées. Napoléon est donc le premier auteur de la défaite de Grossbeeren, d'autant plus qu'en dirigeant Oudinot sur Berlin, il avait imaginé d'appuyer ce mouvement par deux colonnes mobiles qui, venant l'une de Magdebourg et l'autre de Hambourg, devaient, contrairement à ses propres principes, combiner leurs opérations à distance avec le corps principal et sans se lier d'aucune manière avec lui. Ces dispositions inexplicables de la part de Napoléon ne pouvaient amener que des échecs qu'il eût été bien facile d'éviter, en se conformant aux principes que l'Empereur n'avait cessé de pratiquer et de proclamer pendant toute sa carrière.

On peut en dire autant du désastre de Kulm; Napoléon en est le véritable auteur. C'est bien lui qui a prescrit à Vandamme de s'avancer en Bohême, en négligeant de le faire appuyer par aucun autre corps. Jugeant mal de l'état moral de ses ennemis, Napoléon avait cru que sa présence n'était pas nécessaire pour diriger la poursuite, et, ramené à Dresde par une indisposition, il avait pensé qu'il pouvait y rester pour y étudier de nouvelles opérations et sans s'occuper d'achever lui-même la défaite de l'armée battue.

Napoléon est donc le véritable auteur de l'insuccès de cette première partie de la campagne. La cause de cet insuccès ne réside pas dans le système de guerre qu'il avait adopté pour lutter contre ses ennemis, mais seulement dans les dispositions qu'il prit chaque jour pour réaliser ses projets. Malgré le résultat obtenu, nous pensons qu'en raison de la situation des armées en présence à la reprise des hostilités et des plans de campagne arrêtés dans leur ensemble de part et d'autre, toutes les chances étaient du côté de Napoléon. Rien n'était plus facile que d'éviter Grossbeeren et Kulm, et cela n'a dépendu que de lui, et, quant à la défaite de la Katzbach qui est imputable à Macdonald, elle eût eu peu de conséquences si l'on eût évité les deux autres.

La faute de Napoléon a consisté à ne pas tenir compte des conditions essentielles auxquelles on doit s'astreindre en pratiquant le système d'opérations par lignes intérieures qu'il voulait suivre, et spécialement en attaquant simultanément les diverses armées ennemies, tandis qu'il ne devait le faire que successivement. C'est pour avoir négligé ces conditions que Napoléon n'a pas tiré de sa situation tous les avantages qu'elle promettait, et qu'il se trouvait à la fin du mois d'août réellement affaibli vis-à-vis de ses ennemis, tandis qu'en en tenant compte, il aurait presque certainement trouvé le moyen de décider en quinze jours le sort de la campagne en sa faveur.

D'après les divisions que nous avons adoptées, la seconde période s'étend du 1er au 25 septembre.

Dans cette période, le projet de Napoléon est tout d'abord de reprendre la marche sur Berlin, en renforçant les troupes d'Oudinot qu'il remplace par Ney; mais la retraite, de plus en plus désordonnée, de Macdonald l'amène à commencer par soutenir ce dernier; il dirige donc sa garde sur Bautzen et reprend l'offensive contre l'armée de Silésie avec l'intention de rallier ensuite Ney. Mais bientôt Blücher se dérobe, tandis qu'au contraire l'armée de Bohême se montre de nouveau sur les routes qui aboutissent à Dresde. Dans ces conditions, Napoléon ajourne son mouvement sur Berlin et revient à Dresde le 6 septembre, en y rappelant la garde. Il refoule le lendemain Wittgenstein, mais sans lui causer aucune perte sérieuse. Pendant ce temps, Ney, qui a repris la marche sur Berlin sans avoir reçu aucun renfort, s'est s'est fait battre à Dennewitz comme Oudinot l'avait été à Grossbeeren; mais la défaite est plus grave : les troupes alliées commencent à déserter en masse, et Ney, qui est obligé de se replier sur Torgau avec 32,000 hommes, aura bien du mal à défendre le passage de l'Elbe contre l'armée du Nord que commande Bernadotte.

La situation de Napoléon commence à devenir difficile. Au lieu de réparer les défaites de la période précédente, un de ses lieutenants vient d'en subir une nouvelle; quant à lui-même, pendant les huit premiers jours de septembre, il n'a rien fait d'utile. En présence des procédés de ses adversaires qui se dérobent quand il veut les atteindre, il semble décontenancé; il voudrait bien livrer bataille, il comprend bien que c'est la seule manière de se tirer d'affaire, mais il ne sait comment y arriver, et il ne fait autour de Dresde que des mouvements sans portée. Sans doute, la situation était déjà moins favorable au commencement de septembre qu'au début des hostilités; mais si elle venait de s'aggraver de nouveau, il est hors de doute que c'est encore à Napoléon qu'il faut en faire remonter la cause.

D'abord, il devait absolument interdire à Ney de livrer bataille sans avoir reçu de renfort, car si quinze jours plus tôt on avait pu se méprendre sur la valeur de l'armée de Bernadotte, la défaite de Grossbeeren donnait des renseignements suffisants à cet égard. Napoléon est donc le premier auteur de la défaite de Dennewitz.

Ensuite, on ne voit pas l'avantage qu'il pouvait trouver à abandonner l'armée de Silésie, sans l'avoir éloignée d'une manière sensible, pour revenir contre l'armée de Bohême sans essayer non plus d'aborder sérieusement cette dernière. Malgré la résolution de Blücher de se dérober, ne convenait-il pas mieux de le pousser l'épée dans les reins jusque sur la Katzbach ? Blücher refoulé, Napoléon pouvait rallier Ney et marcher sur Berlin, puisqu'il tenait tant à entrer dans cette capitale. Pendant qu'il exécutait cette double opération, il n'y avait rien de grave à redouter du côté de Dresde ; car Saint-Cyr et Victor étaient suffisants pour s'y maintenir pendant longtemps, et, au pis aller, l'évacuation de cette position n'eût pas été un grand malheur. Dans les opérations qui ont lieu du 1er au 8 septembre, on peut donc reprocher à Napoléon, en dehors de la défaite de Dennewitz dont il est le premier auteur, de n'avoir prononcé aucun mouvement offensif capable d'amener un résultat appréciable.

Cependant, la défaite de Ney ne l'amène pas à modifier ses procédés. Le 9, le 10, il revient aux frontières de Bohême, mais, en présence de la difficulté des communications, il renonce à continuer son mouvement ; il y revient encore le 16 et le 17, mais cette fois, se trouvant en présence de forces supérieures, il ne cherche pas davantage à attaquer. Pendant ce temps, Blücher a repris l'offensive, et Macdonald a dû évacuer même Bautzen pour se rapprocher de Dresde. Napoléon arrive ainsi jusqu'au 20 septembre sans avoir rien fait que des mouvements insignifiants autour de Dresde. Tandis que dans la période précédente il avait attaqué partout en même temps, ce qui caractérise celle-ci, c'est qu'il n'attaque plus nulle part. Au lieu de chercher à profiter de la division de ses adversaires en se jetant avec toutes ses forces sur l'un d'eux, Napoléon ne songe qu'à resserrer sa position autour de Dresde. Pour moi, j'avoue que plus je réfléchis à cette détermination, plus je la trouve incompréhensible de la part d'un homme qui avait dû ses plus beaux succès à la mobilité de ses armées. S'il avait commis des fautes d'exécution dans la période précédente, on peut dire que cette fois il commettait une faute de principe inexplicable de sa part, et peut-être la seule vraiment grave qu'il ait jamais commise. Je crois, en effet, que l'idée de s'attacher ainsi à Dresde est une faute capitale que, jusqu'au dernier moment, Napoléon pouvait éviter ; car si même le 23 ou le 24, au lieu de s'en tenir à une simple reconnaissance, il se fût jeté sur Blücher avec le gros des forces qu'il avait sous la main, pour revenir ensuite par Berlin sur Magdebourg, en dégageant et ramenant avec lui les garnisons de l'Oder, il aurait pu encore transformer la situation à son avantage et peut-être même trouver l'occasion de brillants succès; mais, pour cela, il fallait admettre l'éventualité de l'évacuation de Dresde, évacuation d'ailleurs d'autant plus avantageuse, que le séjour prolongé des troupes y avait épuisé les vivres. Ce qui est étrange, c'est que Napoléon a eu très nettement l'idée de reporter le centre des opérations vers le Nord et qu'il ne l'a jamais mis à exécution; de sorte que l'on peut dire que pendant toute cette campagne, il a entrevu toutes les solutions justes et n'en a exécuté aucune. Il observe, tâtonne et n'agit pas avec la décision et l'énergie qu'exigeaient les circonstances. En somme, pendant cette seconde période, il avait donné la preuve de son impuissance; ses adversaires, au contraire, avaient acquis le sentiment de leur supériorité. Ayant reçu de nombreux renforts, dont le principal était l'armée russe de Benningsen qui venait de la Pologne, ils en étaient arrivés à l'idée de rechercher maintenant la bataille décisive. Ils le pouvaient d'autant mieux que les troupes de Napoléon, sans presque combattre, s'étaient notablement affaiblies par les fatigues, les privations et la désertion; à la fin de septembre, il lui restait à peine 280,000 hommes, en comptant le corps de Davout, à peu près inutile, et celui qu'Augereau avait organisé à Würtzburg, tandis que ses adversaires, ayant réparé leurs pertes, avaient encore 450,000 hommes à lui opposer.

Ils auraient pu songer à l'accabler dans Dresde, où Napoléon n'aurait pu tenir longtemps faute de vivres; ils aimèrent mieux se donner rendez-vous à Leipzig sur ses communications.

Après avoir arrêté leur nouveau plan, ils se mirent en mouvement le 25 septembre. C'est à cette date que commence la troisième et dernière partie de notre travail; elle a pour objet l'étude des opérations qui ont amené la bataille de Leipzig.

Pendant cette période, les Alliés ont plus que jamais l'initiative des opérations. D'un côté Blücher, se dérobant habilement, descend l'Elbe par la rive droite, traverse ce fleuve près de l'embouchure de l'Elster et, après le combat de Wartenburg, déploie ses forces sur la rive gauche, tandis que Bernadotte passe à

Acken et à Roslau ; les deux armées de Silésie et du Nord doivent se joindre sur la Mulde, puis continuer sur Leipzig si les circonstances sont favorables.

D'autre part, Schwarzenberg débouche de Bohême en Saxe par Chemnitz et par Zwickau, ayant aussi pour objectif Leipzig. Les premiers mouvements des armées alliées restèrent ignorés de Napoléon ; cependant, divers indices avaient attiré son attention sur le bas Elbe et sur les débouchés de la Bohême.

Quand lui arrive, le 5 octobre, la nouvelle du combat de Wartenburg, il est prêt à mettre en marche le gros de ses forces qu'il a réunies autour de Dresde les jours précédents. Il est d'abord incertain sur la direction qu'il convient de leur donner, mais le 8 il se décide à rallier Ney avec 100,000 hommes pour attaquer Blücher et Bernadotte, tandis que Murat contiendra Schwarzenberg avec 40,000 hommes. Mais au moment même où il se dispose à aborder l'armée de Silésie, celle-ci passe la Mulde et, après avoir fait sa jonction avec l'armée du Nord, se porte avec elle sur la Saale. Napoléon voit encore une fois lui échapper ses adversaires qu'il croyait tenir. Au lieu de s'attacher à leurs pas, se trompant sur la direction qu'ils ont suivie, il prend ses dispositions pour passer l'Elbe à Wittenberg, croyant les retrouver sur la rive droite, tandis qu'ils sont restés sur la rive gauche. Cette erreur devait avoir les plus graves conséquences, car Blücher et Bernadotte sur la Saale pouvaient communiquer avec Schwarzenberg et combiner avec lui leurs opérations par l'ouest de Leipzig, tandis que, si Napoléon les eût suivis dans la direction de Halle, il eût tenu séparé les deux masses ennemies et pouvait encore les empêcher de se réunir sur le champ de bataille.

Nous avons dit qu'à notre avis Napoléon, en exécutant ces mouvements, avait commis une faute réelle, parce que ses dispositions ne reposaient que sur des conjectures. Mais il devait bientôt en commettre une bien plus grave. Un moment, envisageant la possibilité de la réunion des forces ennemies vers Leipzig, il avait songé à s'y dérober en portant toutes les siennes sur la rive droite, sauf à profiter ensuite des ponts qu'il possédait sur l'Elbe pour revenir les attaquer dans des conditions plus favorables. C'était là une grande idée digne de son génie ; malheureusement, il y renonça au moment où c'était la seule mesure capable de le sauver ; quoique sachant, le 12, que Blücher est sur la Saale, il prend le parti de marcher sur Leipzig, et il y persiste alors même qu'il apprend, le 14, que Bernadotte, qu'il croyait sur la rive droite de l'Elbe, est également sur la rive gauche et que Schwarzenberg, poussant devant lui Murat, est près d'arriver sur cette position, s'exposant ainsi à avoir en même temps sur les bras toutes les forces de la Coalition. En somme, sa dernière manœuvre avait échoué comme les précédentes et pour les mêmes motifs; car, si après avoir pris le contact de Blücher le 9, ayant lui-même 140,000 hommes sous la main, il eût passé la Mulde en même temps que son adversaire le 10 ou même le lendemain, il eût été en mesure, malgré la réunion des deux armées de Silésie et du Nord, de leur faire un mauvais parti en les acculant dans l'angle de l'Elbe et de la Saale, et, malgré les ponts qu'ils possédaient, ils ne s'en seraient pas tirés sans de graves dommages.

A partir du 10, il n'y avait donc que deux bons partis à prendre : ou bien continuer l'offensive contre les armées de Silésie et du Nord, ou bien passer avec toutes ses forces sur la rive droite. En marchant au contraire sur Leipzig, Napoléon allait être amené à accepter la lutte avec moins de 200,000 hommes contre 320,000, car en dehors des trois principales armées de la Coalition, celle de Benningsen, qui s'était d'abord dirigée sur Dresde, approchait aussi du champ de bataille et elle devait y arriver pour prendre part à la lutte, tandis que Saint-Cyr restait toujours à Dresde avec ses 30,000 hommes.

Nous avons arrêté là notre étude; comme nous l'avons dit, stratégiquement Napoléon avait perdu la partie; sans entrer dans tous les détails de la bataille, on peut se demander s'il y pouvait mieux utiliser les forces dont il disposait.

La question ne peut se poser que pour le premier jour de la lutte qui eut lieu le 16 octobre. On sait que Schwarzenberg et Blücher seuls y prirent part du côté des Coalisés, tandis que Napoléon avait déjà sous la main toutes ses forces, sauf le corps de Reynier. Or, l'armée de Bohême était forte de 160,000 hommes, celle de Silésie de 60,000, soit ensemble 220,000. Napoléon en avait avec lui environ 175,000. Il avait gagné plus d'une bataille dans des conditions numériques plus défavorables, et notamment la bataille de Dresde six semaines plus tôt.

Il faut remarquer, d'ailleurs, que Blücher et Schwarzenberg

étaient encore mal liés ensemble ; il n'était donc pas impossible de battre le second en l'attaquant avec des forces égales aux siennes, à la condition de rester sur la défensive vis-à-vis du premier et en ne lui opposant que des forces inférieures. C'est bien, en effet, ce que Napoléon voulait faire, mais on sait que pendant la bataille, Ney, tiraillé entre Marmont, qui était attaqué par Blücher, et Napoléon aux prises avec l'armée de Bohême, resta inutile avec près de 30,000 hommes, et que, tandis que Marmont était battu, l'Empereur ne livra de l'autre côté qu'une bataille indécise. Il aurait pu en être autrement si Ney fût venu appuyer Macdonald à la gauche de Napoléon. Nous croyons donc qu'avec une meilleure économie des forces Napoléon pouvait être vainqueur sur le théâtre principal de la lutte. D'autres ont prétendu[1] que l'Empereur aurait mieux fait de prononcer l'attaque décisive contre l'armée de Bohême par la droite, le long de la Pleisse. Cette manière de voir nous paraît absolument fausse, car c'est de ce côté que Schwarzenberg avait le gros de ses forces. Le point d'attaque choisi par Napoléon était donc le plus convenable pour obtenir la victoire ; mais il faut se demander ce qu'aurait été cette victoire et surtout quelles en auraient pu être les conséquences. Or, on doit avant tout reconnaître que les adversaires de Napoléon n'étaient plus ceux d'Austerlitz et d'Iéna et que ses propres troupes avaient également changé, mais en sens inverse. Nous ne pouvons faire ici que des conjectures, mais nous sommes fort disposé à croire que, même avec l'appui des forces de Ney, Napoléon n'aurait pas réussi à mettre l'armée de Bohême en déroute ; son succès n'aurait, d'ailleurs, pas empêché Blücher d'être vainqueur au nord de Leipzig, ou, si Marmont s'était retiré devant lui, de le suivre jusque sur la Partha ; cela n'aurait pas empêché non plus Bernadotte et Benningsen d'approcher du champ de bataille et de joindre le lendemain, le premier Blücher, le second Schwarzenberg, en réparant largement les pertes que ce dernier aurait pu faire. Dès lors, la seconde bataille était livrée dans des conditions peu différentes de celles où les armées se sont réellement trouvées le 18, et Napoléon aurait toujours fini par succomber.

---

[1] Voir *Fragments stratégiques sur la campagne de 1813*, p. 128.

Nous croyons donc, en somme, qu'avec de meilleures dispositions Napoléon pouvait gagner la bataille du 16, mais que cela ne suffisait pas pour le rendre maître de la situation dans son ensemble; que ses adversaires étaient maintenant trop nombreux et trop rapprochés les uns des autres pour qu'il pût les battre successivement; qu'après les mouvements des jours précédents il ne pouvait plus songer à une victoire complète, mais seulement à son propre salut, et qu'il ne pouvait y réussir qu'en s'éloignant, de manière à se dérober à l'étreinte des armées ennemies.

Mais si telle était la situation avant la bataille du 16, il est clair qu'elle était encore bien autrement périlleuse le soir de cette bataille. Il n'y avait plus qu'une mesure à prendre, c'était de partir au plus vite, et l'on ne comprend pas comment Napoléon s'est exposé à livrer une seconde bataille contre des forces presque doubles des siennes.

S'il voulait gagner la Saale, il pouvait s'y préparer le 17, engager l'après-midi, sur la route de Lützen, une forte avant-garde pour se donner de l'air et porter le gros de son armée au delà des ponts pendant la nuit. L'opération ne pouvait manquer de réussir, et le 19 l'armée française eût été intacte au delà de la Saale. Mais nous pensons que ce n'était pas, à beaucoup près, la meilleure solution, et qu'il eût été bien préférable de se porter sur Torgau. Quel qu'eût été le chef de l'armée française, c'eût été la meilleure mesure à prendre, parce qu'elle permettait de recueillir, avant de revenir sur le Rhin, les 80,000 hommes qui étaient dans les places de l'Elbe et peut-être même les garnisons de l'Oder. Mais je dirai surtout que cette solution semblait devoir convenir à Napoléon; car en marchant sur l'Elbe on ne semblait pas exécuter d'abord une retraite, on pouvait même quelques jours plus tard entrer à Berlin, ce qui, au point de vue du moral des troupes, ne pouvait produire qu'un bon effet; en outre, c'était le cas d'utiliser cette base d'opérations à laquelle, dès le début de la campagne, Napoléon avait semblé attacher tant de prix, et l'on ne comprend pas comment, dans les circonstances où il se trouvait, il n'a pas cherché à tirer parti des avantages que lui donnait la possession de tous les ponts du fleuve; car elle lui permettait d'abord de se dérober aux Alliés dont la concentration sur Leipzig n'eût été qu'un coup d'épée dans l'eau, et ensuite de manœuvrer librement sur la rive droite. Nous admettrons, toutefois, que les manœuvres devaient avoir essentiellement pour but le retour sur le Rhin par Magdebourg, sauf à profiter, chemin faisant, de toutes les occasions pour obtenir des succès ; mais ce devait être là le fil directeur dont il ne fallait se laisser écarter qu'à bon escient.

Pour sauver l'armée française, il suffisait donc de s'éloigner de Leipzig, soit en marchant vers la Saale, soit en revenant momentanément sur l'Elbe. Mais si c'était là une condition suffisante, il est certain qu'en même temps elle était nécessaire. C'était le seul moyen de réparer l'erreur que Napoléon avait commise en marchant sur Leipzig, erreur qui, le lendemain du 16, devait être si manifeste, qu'on peut dire qu'en restant sur le champ de bataille le jour suivant et en acceptant une seconde bataille, Napoléon s'est laissé aller à la plus grande faute qu'un général ait jamais commise.

S'il eût été convaincu qu'il fallait avant tout se dérober, il ne serait pas resté maître de l'Allemagne, mais il aurait sauvé son armée, et il se serait retrouvé sur le Rhin avec des forces suffisantes pour ôter à ses adversaires l'idée de pénétrer en France. Or, la situation était telle, dès le 15 au soir, qu'il ne devait plus désirer autre chose.

En résumé, pendant les périodes successives de cette campagne, toutes les manœuvres de Napoléon avaient échoué, et comme elles reposaient sur l'emploi des lignes intérieures, c'est ce qui a amené certains critiques à contester les avantages de ce système d'opérations.

On conçoit aisément qu'en présence des résultats obtenus, ceux qui n'ont étudié les événements que superficiellement aient été conduits à s'en prendre au principe même de ces opérations, et, que quelques-uns aient pu soutenir que le système des navettes ne peut réussir que si celui qui le pratique a devant lui des adversaires timides et inhabiles ; mais qu'au contraire, avec un ennemi actif et habile, le cas échéant, à rompre le combat en face de forces supérieures, il n'est pas de manœuvre en lignes intérieures qui puisse réussir. C'est, en somme, la manière de voir du général Pierron, qu'il a exposée à la suite d'une étude publiée dans le *Journal des Sciences militaires*, en 1890, et intitulée : « De Dresde à Leipzig ». Il faut, d'après lui, suivre les exemples que les Allemands nous ont donnés en 1813 et reproduits depuis dans d'autres circonstances, en réalisant un réel progrès sur les procédés de Napoléon.

Or, il faut remarquer que ce n'est pas seulement pour notre époque que le général exprime cette opinion, mais puisqu'elle repose surtout sur l'étude qu'il a faite de la campagne de 1813, c'est qu'il la trouve déjà juste pour l'époque du premier empire.

Je crois devoir protester contre de pareilles conclusions; mais, en dehors des raisons que l'on peut tirer de l'étude attentive des faits pour les combattre, je ferai remarquer qu'elles ne tendent à rien moins qu'à ruiner tout le système de guerre de Napoléon. Sans doute, ses campagnes présentent beaucoup de variétés dans l'exécution; mais dans leur conduite générale, elles découlent essentiellement d'un petit nombre de principes simples et clairs. On peut dire que tout son système de guerre repose sur la nécessité de la liaison de toutes les forces agissantes, de manière qu'elles puissent toujours se prêter un appui mutuel et immédiat; cette idée est la base non seulement de toutes ses campagnes, mais aussi de tous ses écrits. Il y revient à chaque instant dans sa correspondance et dans ses commentaires; la plupart de ses critiques portent sur la violation de ce principe fondamental.

Mais si les manœuvres en lignes intérieures, que l'on ne peut évidemment pratiquer que contre un ennemi qui se divise, sont destinées à échouer, pourvu que les armées séparées soient dirigées habilement, c'est que la division des forces n'est pas une cause de faiblesse, et par suite que le principe fondamental de la stratégie napoléonienne n'a aucune valeur. Rien que cette conclusion pourrait faire douter de la justesse des vues du général Pierron; mais on peut les combattre d'une manière plus directe et faire voir que si l'on peut y être amené par un examen superficiel de la campagne de 1813, l'étude attentive des événements conduit à de tout autres conclusions.

Nous avons déjà, chemin faisant, réfuté cette manière de voir, mais nous croyons devoir revenir encore une fois sur ce sujet, afin de bien mettre en relief les conditions auxquelles est assujetti tout système d'opérations qui repose sur l'emploi des lignes intérieures et de montrer, que si Napoléon y a échoué, c'est qu'il a constamment négligé de tenir compte de ces conditions :

1º Le caractère essentiel des manœuvres par lignes intérieures étant de permettre de lutter avec avantage contre les diverses fractions d'un ennemi qui se sépare, il est nécessaire de n'attaquer jamais que sur un seul point à la fois; car on ne peut se renforcer d'un côté qu'à la condition de s'affaiblir de l'autre; sur les autres points, il faut être prêt à céder le terrain contre des forces supérieures.

Or, pendant la première période de la campagne d'automne de 1813, Napoléon a attaqué partout en même temps, et c'est ainsi que, pendant qu'il gagait la bataille de Dresde, ses lieutenants se font battre à Grossbeeren et à la Katzbach. Il est vrai que cette dernière défaite est due surtout aux mauvaises dispositions du maréchal Macdonald; toutefois, il faut remarquer que Napoléon lui avait prescrit, avant de prendre une position défensive, de se porter sur Jauer. Le maréchal aurait pu comprendre que cette prescription n'était pas absolue ; mais il n'aurait pas été superflu de le lui dire d'une manière formelle, et même il aurait été préférable de lui interdire toute offensive pendant l'absence de Napoléon.

2º S'il est nécessaire de ne pas attaquer partout à la fois, il ne l'est pas moins de le faire toujours quelque part. L'art consiste à bien déterminer à chaque moment le point d'attaque le plus avantageux et, une fois qu'on l'a choisi, à pousser l'attaque à fond, en ayant soin de ne s'en détourner qu'après avoir éloigné son adversaire en lui causant de réels dommages.

Or, Napoléon, s'étant porté une première fois contre Blücher, le 21 août, l'abandonne, sans lui avoir fait subir des pertes sérieuses. Il aurait suffi de continuer à le pousser vivement pendant vingt-quatre heures de plus pour le mettre dans l'impossibilité de reprendre l'offensive avant plusieurs jours, et cette disposition aurait suffi pour empêcher la défaite de la Katzbach. Ensuite, après avoir gagné la bataille de Dresde, Napoléon se détourne de l'armée de Bohême personnellement, et son éloignement du théâtre principal des opérations est la cause du désastre de Kulm. De plus, pendant le mois de septembre, Napoléon n'attaque plus nulle part d'une manière sérieuse. Il lance seulement Ney sur la route de Berlin avec des forces insuffisantes, et c'est la cause de la défaite de Dennewitz.

Quant à lui, il se contente d'allées et venues autour de Dresde, sans aucune portée, et qui n'ont d'autre résultat que de fatiguer ses troupes, tandis que l'ennemi prend confiance en recevant de nombreux renforts.

Enfin, pendant la dernière période des opérations, ayant joint Blücher sur la Mulde, il l'abandonne encore une fois sans l'avoir combattu; et c'est ce qui permet à ce dernier de se tirer du mauvais pas dans lequel il s'était mis, en se rapprochant de l'armée de Bohême.

3° Afin d'être libre de pousser ses attaques à fond sur les points que l'on choisit successivement, il est nécessaire de conserver une entière liberté de mouvement, et, pour cela, de ne faire dépendre le succès de ses opérations de l'occupation prolongée d'aucune position, en dehors des places fortes solidement organisées, et, susceptibles d'être défendues par des garnisons restreintes.

Au contraire, Napoléon, tout en voulant attaquer tantôt en Silésie, tantôt sur Berlin, a tenu à conserver Dresde, qui n'était pas une place forte. Et c'est ce qui l'a empêché de donner à son offensive toute la vigueur nécessaire, et ce qui l'a amené en fin de compte à laisser dans cette position plus de 30,000 hommes avec le plus habile de ses lieutenants.

4° Lorsque, à la suite de plusieurs offensives infructueuses, on voit le cercle sur lequel opèrent les armées ennemies se resserrer, il est nécessaire pour éviter d'être investi de réunir toutes ses forces pour sortir de ce cercle. Toute la question est de bien choisir la direction la plus avantageuse et de prendre un parti assez tôt pour ne pas risquer d'avoir simultanément toutes les forces ennemies sur les bras.

Or, Napoléon séjournant à Dresde, malgré l'insuccès de toutes ses tentatives, risquait d'y être investi.

En outre, après l'avortement de sa dernière offensive contre Blücher, alors qu'il ne peut plus empêcher la jonction des deux masses ennemies, au lieu de sortir du cercle, comme il pouvait aisément le faire à Düben, il va justement se mettre au centre. Et c'est la cause immédiate de la défaite de Leipzig.

On voit donc que pendant tout le cours de la campagne, Napoléon a constamment négligé les conditions essentielles de l'emploi des lignes intérieures.

Mais on peut voir en même temps pourquoi ce système d'opérations qui venait de produire de si fâcheux résultats, lui avait si bien réussi en 1796.

Dans cette campagne si brillante, ce n'est pas simultanément, mais successivement qu'il attaque les diverses colonnes autrichiennes. Et c'est ainsi qu'il repousse la première invasion de Wurmser par les victoires de Lonato et de Castiglione, et plus tard, la dernière, d'Alvinzi, par les victoires de Rivoli et de la Favorite.

En outre, il a soin de ne s'attacher à aucune position d'une manière prolongée, et, contrairement à ce qu'il devait faire à Dresde, il n'hésite pas à évacuer Vérone et même à lever le siège de Mantoue pour livrer la bataille avec toutes ses forces.

Dans le même temps, l'archiduc Charles n'opérait pas autrement contre les armées françaises de Moreau et de Jourdan. Il se dérobe au premier, ne laissant devant lui que le corps de Latour, qui doit se défendre en reculant, tandis que lui-même va attaquer le second, et c'est ainsi qu'il gagne la bataille de Wurtzbourg qui amène la délivrance de l'Allemagne.

Il faut reconnaître maintenant que la pratique des lignes intérieures était plus difficile en 1813 qu'en 1796, non pas seulement à cause de l'accroissement des effectifs, mais surtout en raison de la résolution des Coalisés de se dérober aux attaques de Napoléon lui-même en prenant au contraire l'offensive contre ses lieutenants. Mais il ne s'ensuit pas que cette manière d'opérer dut suffire à faire disparaître les inconvénients de la division de leurs forces ou les avantages de la liaison de celles de Napoléon. Nous croyons qu'en approfondissant le sujet, on est conduit à de tout autres conclusions. Seulement, les dispositions des Alliés exigeaient une riposte qui consistait à pousser l'offensive à fond là où Napoléon était, et à rester sur la défensive en cédant le terrain sur les autres points. Et c'est justement ce que Napoléon a négligé de faire pendant toute la campagne, et c'est pour cela qu'il a constamment échoué.

L'étude attentive de cette campagne célèbre, montre donc que Napoléon en adoptant le système des lignes intérieures, n'avait pas ses idées complètement arrêtées sur les propriétés de ce système d'opérations, qu'il en a négligé constamment les conditions essentielles; mais elle ne montre nullement que le principe lui-même soit mauvais. Au surplus, après avoir condamné les manœuvres en lignes intérieures, il reste à dire comment il faut opérer contre un ennemi supérieur qui se divise. Faut-il opposer à chaque armée ennemie, une armée ? C'est s'assurer la défaite sur tous les points. Prendre une position défensive pour livrer bataille ? C'est accepter de plein gré la lutte dans des conditions désavantageuses, tandis qu'au pis aller dans le système des lignes intérieures on n'y est conduit qu'après des échecs. Tout cela est mauvais et par conséquent aujourd'hui, comme il y a quatre-vingts ans, le mieux est encore d'essayer de battre ses adversaires l'un après l'autre en les attaquant successivement et en se défendant sur tous les points où l'on n'attaque pas, sauf à sortir du cercle en cédant le terrain si le système des navettes a échoué. Sans doute, il ne suffira pas d'employer les lignes intérieures pour être sûr de la victoire, parce que les résultats d'un plan de campagne ne sont pas contenus seulement dans sa conception générale, et qu'ils dépendent surtout de l'exécution.

De deux adversaires opérant l'un par lignes multiples, sans liaison, l'autre en cherchant à utiliser les lignes intérieures, si l'un est habile et actif, l'autre n'ayant pas ces qualités sera battu ; la rapidité est surtout nécessaire pour celui qui a les lignes intérieures ; mais il n'en est pas moins vrai que celui qui se divise perd une partie de ses moyens et donne à l'adversaire des avantages que ce dernier n'aurait pas autrement. Il est certain notamment, qu'en 1813, si Napoléon eût mieux utilisé les avantages de sa situation, il aurait pu se tirer d'affaire et même obtenir dès le début des succès décisifs. Je ne dis pas qu'il aurait réussi à dominer de nouveau l'Allemagne, car il avait des adversaires acharnés et résolus et que plusieurs défaites n'auraient pas suffi à abattre, mais par ces considérations nous sommes conduit sur le terrain des causes générales et morales en raison desquelles il aurait sans doute fini par succomber. En restant sur le terrain purement militaire, on doit conclure que les adversaires de Napoléon, en lui donnant les moyens d'utiliser les propriétés des lignes intérieures, loin de le mettre dans des conditions défavorables, lui permettaient de lutter avec avantage contre des forces supérieures, et que s'il eût bien tenu compte de toutes les conditions de l'emploi de ces lignes, ses adversaires n'en auraient eu raison qu'en modifiant eux-mêmes leur système d'opérations.

Mais, me dira-t-on, sous prétexte de défendre les principes de la stratégie napoléonienne, vous arrivez à critiquer l'application que Napoléon lui-même en a faite. Cela ne suffit-il pas à montrer combien cette application est difficile? Sans doute, l'application des propriétés des lignes intérieures est difficile, mais toutes les fois qu'il y a à lutter contre un ennemi supérieur, on ne peut le faire avec succès qu'en conduisant les opérations avec beaucoup d'habileté.

Il semble que Napoléon avait plus qu'aucun autre toutes les qualités nécessaires pour profiter des avantages que ses adversaires lui livraient, cependant il a échoué; je crois que cela tient à ce qu'il a été surpris par leur manière d'opérer qui, une fois la division admise, était excellente et que ses réflexions ne l'avaient pas suffisamment préparé à résoudre le problème qui se posait devant lui. Cela ne peut suffire pour contester le *génie militaire* dont il a donné tant de preuves; je dirai seulement que les hommes, même les plus supérieurs, ne sont pas parfaits et que, dans les questions militaires comme dans toutes les autres branches de l'activité humaine, il est rare de voir un homme, même de génie, établir du premier coup une théorie d'une manière complète avec tous les développements qu'elle comporte.

Or, le système des lignes intérieures, quoique utilisé parfois à des époques antérieures, n'avait été vraiment mis en pratique avec éclat que dans la double campagne de 1796 en Italie et en Allemagne. Mais cette campagne n'a pas suffi à en mettre en relief toutes les propriétés, parce que les adversaires de Bonaparte et de l'archiduc Charles n'ont pas utilisé tous les moyens de résistance qu'ils avaient à leur disposition. Il en résulte que les événements de cette campagne n'ont mis en évidence que les avantages du système sans en montrer les difficultés.

Par suite, Napoléon, amené en 1813 à opérer dans des conditions analogues, s'est trouvé en présence d'une théorie incomplète qui s'est montrée en défaut devant les habiles moyens de résistance employés par ses adversaires. Mais l'étude des événements montre ce qu'il aurait fallu faire pour en avoir raison et elle nous permet de compléter la théorie, de sorte que, sans prétendre au génie de Napoléon, on peut espérer à l'avenir, en adoptant ses principes dans ce qu'ils ont de fondamental et en en perfectionnant l'application d'après les exemples de l'histoire, en tirer un meilleur parti que lui-même ne l'a fait en 1813.

Voilà, à mon avis, la véritable conclusion à tirer de l'étude critique de la campagne de 1813 au point de vue des principes de l'art de la guerre. Les résultats de cette campagne n'infirment pas la doctrine des lignes intérieures; mais l'analyse des événements nous permet d'en compléter la théorie et nous fait connaître toutes les conditions de leur emploi. Il convient d'ajouter qu'en raison des effectifs de notre époque et des perfectionnements apportés aux moyens de transport, elles ne sont plus utilisables dans les mêmes conditions d'espace et de temps.

Je crois devoir aussi résumer ici les observations auxquelles j'ai été conduit dans l'étude précédente au sujet du rôle de la place de Dresde [1].

En somme, le rôle de cette position a été presque constamment funeste.

Dans la première période, elle a fourni à Napoléon un débouché qui lui a permis de gagner la bataille de Dresde; mais dans la seconde, elle a été la cause principale de son immobilité et, par suite, de son impuissance; enfin, dans la troisième, en y laissant les 30,000 hommes de Saint-Cyr, il s'est privé d'une force qui aurait été précieuse sur le champ de bataille de Leipzig.

On ne saurait trop le répéter, les positions fortifiées sont toujours mauvaises lorsque l'on veut s'en servir pour en faire des camps retranchées destinés à appuyer d'une manière prolongée les forces actives d'un pays; lorsqu'il s'agit d'un camp retranché constitué au moyen d'ouvrages permanents, on peut éviter le danger, parce que la position peut alors être conservée avec des forces restreintes; mais avec des ouvrages du moment, le péril est presque inévitable, parce que l'on ne peut conserver la position qu'en y laissant de nombreuses troupes, et il faut bien remarquer que, tandis que Napoléon en restant attaché à Dresde perdait la liberté de mouvements qui est une des conditions essentielles de la pratique des lignes intérieures, ses adversaires n'ayant aucune place à prendre ou à garder conservaient l'en-

---

[1] Ceux qui ont lu mes études antérieures ont pu remarquer qu'elles contiennent en germe la plupart des jugements développés dans celle-ci. (Voir notamment en ce qui concerne les lignes intérieures et le rôle de Dresde : 3ᵉ maxime de Napoléon, p. 30; 4ᵉ maxime, p. 9; la perte des États et les camps retranchés, p. 25.)

tière liberté des leurs. Dès lors, sans être jamais gêné par le désir d'atteindre un objectif secondaire, ils pouvaient s'appliquer exclusivement à l'objectif principal qui était d'affaibir les forces de leur adversaire.

Le rôle de Dresde, en 1813, aurait pu suffire à nous donner des idées saines sur la question des pivots stratégiques ; il n'était pas nécessaire d'attendre pour cela les événements de Metz et de Paris en 1870. Malheureusement, tandis que quelques-uns repoussent d'une manière générale l'emploi des lignes intérieures, d'autres voudraient les utiliser dans des conditions où elles ne peuvent plus rendre aucun service. Autant nous croyons qu'il faut en apprécier les propriétés pour une campagne à conduire sur un vaste théâtre d'opérations, autant nous pensons qu'il faut éviter de leur rien demander sur un théâtre restreint, alors même qu'on y a l'appui de la fortification.

On a vu récemment des auteurs prétendre, au contraire, qu'elles étaient applicables à la défense des camps retranchés, et notamment à Metz et à Paris, au moment de la guerre franco-allemande.

Malgré l'exemple de Dresde précédant de soixante ans ceux de 1870, on vient prétendre que si Napoléon eût été à Paris, il aurait battu les armées prussiennes. C'est, du reste, par des observations de ce genre que bien des gens apprécient les événements de la guerre de 1870. « Si Napoléon eût été là, comme nous aurions eu facilement raison des Prussiens »[1] ! A notre avis, cette manière d'envisager les événements de la dernière guerre n'a pas grande valeur ; car Napoléon était là en 1813, et il a conduit son armée à Leipzig ; il était là en 1815, et il l'a conduite à Waterloo. Il faut donc convenir que sa présence n'était pas suffisante pour assurer la victoire, et l'on doit reconnaître en même temps que notre situation en 1870 était bien autrement difficile que la sienne au mois d'août 1813, car il pouvait combattre dans les proportions de 4 contre 5, tandis qu'en août 1870, nous étions 1 contre 2. Or, il n'a su tirer aucun parti de sa situation ; au contraire, il a conduit son armée à la ruine ; sans doute, il n'aurait pas commis les fautes grossières de nos chefs de 1870 ; mais, pour obtenir

---

[1] Encore faudrait-il dire au moins de quel Napoléon il s'agit, si c't de celui de la campagne d'Italie ou de celui de Leipzig.

de meilleurs résultats, il aurait fallu tout d'abord ne pas s'attacher aux positions fortifiées.

Il est vrai que quelques écrivains attribuent ses défaites à la mauvaise qualité de ses troupes et à la trahison ; mais nous croyons que ces explications ne méritent pas d'être prises au sérieux. En réalité, l'armée de 1813 était excellente dans son ensemble ; la campagne du printemps, en dissipant le mauvais effet de la retraite de Russie, avait élevé son moral, et, du reste, son attitude sur le champ de bataille de Leipzig suffit à montrer ce qu'elle valait encore, malgré l'action déprin ·te qu'exerce toujours une succession d'événements malheureux. Sa résistance, véritablement prodigieuse pendant la bataille du 18, tenait surtout à la présence de Napoléon qui, malgré tout, avait encore tout son prestige, et qui recueillait le fruit des succès inouïs qu'il avait remportés pendant quinze ans ; mais ce n'est qu'une manière de plus de montrer tout ce qu'il aurait pu tirer de cette armée.

En somme, lorsque l'on s'efforce de juger ces événements avec une entière liberté d'esprit et sans se laisser éblouir par le souvenir des succès qui avaient précédé nos désastres, on est amené à reconnaître qu'avant tout Napoléon s'est trompé sur deux points : d'abord, dans l'application des propriétés des lignes intérieures, et ensuite au sujet du rôle que pouvait jouer une place improvisée comme Dresde ; puis il faut convenir que, dans le cours de ses opérations, il y a bien d'autres imperfections à relever.

On l'a vu constamment hésiter, indécis à prendre un parti, comme si son esprit n'avait plus la même clairvoyance ni la même résolution. Son attitude pendant le mois de septembre est par-dessus tout surprenante. Les opérations de cette période sont les moins décisives, mais on s'explique difficilement que Napoléon ait pu s'en tenir à ces allées et venues sans portée, en se laissant leurrer par les feintes de ses adversaires. De pareilles procédés étaient tellement contraires à son passé, qu'il semble que l'inaction relative à laquelle il était conduit aurait dû suffire à lui montrer l'étendue de l'erreur qu'il commettait en voulant rester à Dresde. On ne reconnaît plus Napoléon dans cette campagne, dit Marmont ; Saint-Cyr, de son côté, se demande ce qu'était devenu l'homme de Marengo.

Cependant, des écrivains comme Thiers se refusent le plus souvent à reconnaître les fautes commises, ou plutôt, ne voulant voir les causes de la chute de Napoléon que dans sa mauvaise politique, ils tiennent malgré tout à admirer sans réserve le grand général. Ainsi, Thiers, admire avec raison les dispositions que prend Napoléon pour réparer les défaites de Grossbeeren et de la Katzbach, mais il ne trouve rien à dire en constatant qu'il ne leur a donné aucune suite. Il admire encore, et à juste titre, les mesures prises pour assurer la défense de Dresde pendant que Napoléon s'en éloignera, mais il ne remarque pas que ces mesures n'ont servi à rien, puisque Napoléon au lieu de leur laisser produire leur effet, a cru devoir arrêter son offensive sur la rive droite pour revenir dans la capitale de la Saxe. Il admire encore les dispositions que Napoléon prend au milieu de septembre, en resserrant sa position autour de Dresde, sans remarquer qu'il n'en a tiré aucun parti, et que partout où il dirige son offensive, il s'arrête sans avoir obtenu aucun résultat. Il admire les dispositions qui, pendant la dernière période, ont pour but de battre séparément les deux masses de la Coalition en marche sur Leipzig, mais sans trouver rien à dire, en constatant qu'au lieu de suivre Blücher, Napoléon l'abandonne. Il admire enfin l'idée de se porter sur la rive droite, mais sans remarquer qu'il y renonce au moment où c'était pour lui la seule manière de se dérober à l'étreinte dont il était menacé, et dans le mouvement de Düben sur Leipzig, il ne voit que la promptitude avec laquelle l'homme de guerre supérieur change tous ses plans.

En un mot, plus Napoléon s'enfonce, plus M. Thiers l'admire [1]; il le blâme de se laisser entraîner à une pareille guerre par une politique extravagante, mais le trouve aussi grand homme de guerre qu'au moment d'Austerlitz et d'Iéna.

Un autre auteur a encore bien dépassé M. Thiers dans cette voie, c'est le général Pelet. L'ouvrage qu'il a écrit sur la campagne de 1813 est, sans contredit, un des plus utiles à consulter au point de vue des documents, mais les appréciations en sont absolument stupéfiantes. Non seulement les dispositions de

[1] Si je discute l'opinion de Thiers, c'est justement parce que dans l'ensemble je fais grand cas de ses œuvres, même au point de vue militaire, et que je suis loin de partager le dédain que quelques écrivains professent pour elles.

Napoléon sont toutes plus admirables les unes que les autres, mais celles de ses adversaires sont pitoyables. D'après Pelet, Napoléon avait non seulement toutes les chances pour lui, mais il a constamment appliqué les vrais principes, en prenant toujours les dispositions les plus judicieuses, tandis que ses adversaires les ont violées sans cesse. En présence d'une pareille critique, on s'explique fort bien que tant de gens ne croient plus à rien ; car, en constatant que les principes appliqués par un homme d'une expérience consommée comme Napoléon vis-à-vis d'adversaires qui n'en ont tenu aucun compte, l'ont conduit à Leipzig, chacun est amené à se demander ce que valent ces prétendus principes, et à croire qu'il y a autant d'avantages à les violer qu'à essayer de les appliquer. Mais à notre avis, il faut repousser un pareil jugement parce qu'il repose sur une idée absolument fausse de la valeur de ces principes.

Le général Pelet semble prétendre en effet que cette valeur est absolue, comme si la science militaire était une science abstraite.

Elle n'a au contraire qu'un but, la victoire ; les vrais principes sont ceux qui y conduisent, et les mauvais ceux qui mènent à la défaite. La recherche des principes consiste donc à se demander quelles sont les causes des victoires et des défaites, de manière à essayer de les réaliser à l'avenir. Or, l'étude des nombreuses campagnes de tous les temps conduit à penser que s'il y a quelques règles incontestables, elles ne valent que par l'application que l'on en fait, suivant les circonstances, et que, d'ailleurs, ces règles ne sont pas seulement relatives à la conception des opérations, mais que les plus importantes sont peut-être celles qui concernent leur exécution. C'est là surtout la conclusion qu'il faut tirer de l'étude de la campagne de 1813, comme de beaucoup d'autres ; car s'il est vrai que les adversaires de Napoléon avaient adopté un plan contraire dans son ensemble aux principes généralement admis, on doit reconnaître qu'ils en ont racheté les défectuosités par les excellentes dispositions qu'ils ont prises dans l'exécution ; tandis qu'au contraire Napoléon, qui avait arrêté un plan des plus juste dans ses lignes générales n'a cessé, durant le développement journalier des opérations de commettre des fautes d'exécution, et il s'y est laissé aller le plus souvent en violant des règles qu'il n'avait jamais perdues de vue au temps de ses victoires.

De sorte que l'on peut dire qu'à part la conception d'ensemble du plan de campagne, c'est lui et non pas ses adversaires qui a violé les principes, et qu'après en avoir montré l'excellence dans ses premières campagnes, il a fait lui-même la contre-épreuve; que sa défaite loin d'infirmer la valeur des règles qu'il avait si souvent suivies et recommandées, en est la confirmation, et que l'étude comparée de la campagne de 1813 et des précédentes complète l'enseignement que l'on peut tirer de celle des guerres antérieures.

On nous trouvera peut-être bien hardi de nous en prendre ainsi aux dispositions de ce grand homme de guerre; mais en étudiant ses campagnes, ce n'est cependant pas en exaltant son génie que l'on peut expliquer ses désastres; car c'est au contraire en raison des défaillances de ce génie même que ces désastres ont été obtenus. La tâche du critique est alors de montrer nettement en quoi ont consisté ces défaillances, et c'est ce que je me suis proposé de faire dans cette étude.

Reste à expliquer maintenant comment Napoléon, qui s'était montré si grand capitaine, aussi bien dans l'exécution des opérations que dans leur conception, a pu se laisser entraîner aux erreurs graves qui ont frappé toutes ses manœuvres d'impuissance autour de Dresde pour le conduire ensuite à la catastrophe de Leipzig.

Nous dirons d'abord que l'imperfection est la règle générale de la nature humaine, et qu'il n'y a pas de raison pour que Napoléon y ait échappé plus que les autres hommes.

Les plus grands capitaines ont commis des fautes, et souvent ils n'ont pas hésité à les reconnaître. Turenne disait qu'il avait perdu la bataille de Marienthal par sa faute; l'archiduc Charles, dans l'étude qu'il a faite de ses propres campagnes, a lui-même, à plusieurs reprises, mis en relief les erreurs qu'il avait commises.

Quant à Frédéric, il est certain que toutes ses opérations ne sont pas des modèles. Il y a fort à dire dans les batailles de Kollin, de Kunersdorf et de Torgau. C'est de cette dernière que Napoléon a dit : « C'est celle où le roi de Prusse a commis le plus de fautes et la seule où il n'ait montré aucun talent ». On peut presque appliquer ce jugement à la conduite de la campagne de 1813, car, à part la bataille de Dresde, on ne voit pas une seule opération qui soit à la hauteur du passé de Napoléon.

Mais si ses défaillances peuvent s'expliquer d'une manière générale par l'imperfection inhérente à la nature humaine, nous croyons avant tout qu'elles tenaient à l'état particulier de son esprit.

Après quinze ans de succès inouïs, Napoléon était convaincu qu'il avait à sa disposition des procédés connus de lui seul, tandis qu'au contraire ses adversaires en avaient pénétré le secret.

Tout en se faisant battre, quelques-uns d'entre eux n'avaient pas manqué de réfléchir sur les moyens employés par l'Empereur. Aussi, au lieu de se prêter à ses combinaisons, ont-ils manœuvré de manière à les faire avorter.

Les mêmes procédés finissent par s'user avec le temps, et il faut pour fixer la victoire les modifier en les perfectionnant. Tous les systèmes ont des avantages et des inconvénients que les événements mettent plus ou moins en relief, suivant la manière dont les adversaires essaient d'en contrarier l'exécution.

Frédéric avait réussi à envahir la Bohême par des lignes d'opération multiples, grâce à l'inertie de ses adversaires. Au contraire, Wurmser et Alvinzi, en essayant d'envahir l'Italie par de semblables moyens, avaient échoué devant la rapidité des mouvements de Bonaparte. En 1813, les Alliés reprennent les mêmes procédés, mais en ayant soin de se dérober aux coups de Napoléon, et en n'attendant le succès que des défaites de ses lieutenants. Il faut remarquer, d'ailleurs, qu'à l'inverse de Wurmser et d'Alvinzi, qui tenaient à débloquer Mantoue, ils avaient le temps et l'espace pour eux.

Outre qu'ils avaient une plus grande liberté de mouvements, rien ne les pressait d'agir. Ils purent donc sans inconvénient ajourner la solution en refusant le combat toutes les fois qu'ils risquaient de se compromettre. Il semble que Napoléon fut surpris par cette manière d'agir et en même temps décontenancé. Il en était encore aux procédés de 1796, qui n'étaient plus suffisants ; il aurait fallu les perfectionner, et il faut reconnaître qu'il n'a pas su le faire. C'est là la cause de l'avortement de toutes ses manœuvres au commencement de septembre, et ensuite de son inertie relative au milieu du mois.

Et, du reste, il ne doutait pas que, malgré les difficultés qui se présentaient journellement, il finirait bien par obtenir une victoire décisive qui rétablirait ses affaires d'un seul coup. Tandis qu'un autre n'aurait songé qu'à chercher son salut par des moyens ordinaires, lui comptait toujours sur un coup de foudre, et il ne doutait pas que l'occasion s'en présenterait.

On peut dire que sa prodigieuse fortune lui avait enlevé le sens du réel et qu'il a fallu le désastre de Leipzig, succédant à celui de Moscou, pour lui montrer la profondeur du précipice vers lequel il marchait. Alors, il se reprend à penser que, quoique supérieur aux autres hommes, il est cependant de la même espèce et, en 1814, il se retrouve vrai général.

Et cependant il n'est pas guéri ; on le voit, au premier succès, prêt à une rechute ; après la période admirable, qui s'étend du lendemain de La Rothière jusqu'à Montereau, non seulement il croit qu'il est sauvé, mais il dit qu'il est plus près de Munich que les Alliés de Paris.

Ainsi, tandis que ses adversaires sont aux portes de la capitale, et qu'il les en a seulement éloignés de quelques marches, le salut de la France, la frontière du Rhin ne lui suffisent déjà plus, il faut qu'il redevienne le maître du monde. Cet état d'esprit, qui commence en 1810, avait atteint son maximum d'intensité en 1813.

En contemplant l'œuvre véritablement étonnante qu'il avait accomplie au printemps : une armée de 400,000 hommes, créée de toutes pièces au lendemain du désastre de Russie, et malgré la guerre d'Espagne, l'Allemagne à moitié reconquise en deux batailles, il était arrivé à ne douter de rien, ni surtout de lui-même. Voilà l'état d'esprit qui l'a amené à faire des fautes militaires réelles, et, quand on les a reconnues, il faut ne pas hésiter à les mettre en relief, afin que l'on voie bien que, malgré son génie, Napoléon était cependant de la même espèce que les autres hommes, que l'ampleur de son intelligence avait une limite et qu'il était capable de défaillances. Voilà ce qu'il ne faut pas craindre de dire et de répéter, et cela eût été plus utile pour notre pays que de le montrer à la postérité comme l'incarnation infaillible d'une sorte de divinité guerrière n'ayant péri que par la trahison de son entourage.

Il faut reconnaître, au contraire, que si Napoléon était finalement battu, c'est parce qu'il le méritait.

Malheureusement, en tombant sous le poids de ses propres fautes, il devait entraîner avec lui la grandeur de la France, non pas seulement cette grandeur éphémère qu'il voulait étendre du Tage jusqu'à Niemen, mais aussi cette grandeur légitime à laquelle nous avions le droit de prétendre à la suite de vingt années d'héroïsme.

Il ne faut pas oublier qu'en 1794, c'est-à-dire deux ans avant la campagne d'Italie, l'armée de Sambre-et-Meuse était à Cologne et l'armée de Rhin-et-Moselle aux portes de Mayence. Napoléon n'est donc pour rien dans la conquête de nos frontières naturelles ; on peut dire à la vérité que, sans lui, on ne les aurait pas si facilement conservées pendant quinze ans ; mais, en définitive, il est seul responsable de leur perte.

Sans doute, les désastres de ses dernières années ne peuvent faire oublier la gloire des premières, et, si la France a subi les conséquences de ses fautes, elle bénéficiera aussi devant la postérité de toutes les grandes œuvres dues à son génie.

Elle est solidaire de la grandeur de Napoléon comme de sa décadence, et elle doit se garder de renier cette solidarité.

Mais, à tout prendre, il importe de se dire que, surtout à notre époque, des hommes de cette nature, non seulement ne sont pas nécessaires à la grandeur et à l'indépendance d'un pays, mais que, au contraire, il sera toujours à craindre qu'après y avoir jeté le plus vif éclat, ils ne compromettent sa sécurité. Le propre des hommes comme Napoléon est d'être insatiables ; dès qu'ils détiennent le pouvoir, ils s'en servent pour lancer le pays dans des entreprises extravagantes, et, n'ayant pas d'ailleurs dans la conduite de la guerre qu'ils rendent nécessaire l'infaillibilité qui seule pourrait compenser les vices de leur ambition sans frein, ils ne peuvent aboutir finalement qu'à des catastrophes. Or, la campagne de 1813 a montré que Napoléon n'était pas infaillible. Aussi peut-on dire que ce qu'il y avait de plus fatal dans sa destinée, c'est sa chute après sa prodigieuse fortune.

En s'en prenant aux forces naturelles, en dédaignant de les apprécier, il devait finir par être broyé par elles et la France avec lui.

Bien autrement précieux sont des généraux comme ceux qui

avaient conduit nos armées pendant les guerres de la Révolution ou comme ceux qui étaient à la tête des armées alliées en 1813.

De toute cette pléiade qui avait défendu nos frontières, de 1792 à 1796, il n'en restait plus que deux : Masséna et Saint-Cyr ; le premier, vieilli et disgracié ; le second, dont Napoléon appréciait les mérites, mais qu'il n'aimait pas parce que, sous l'Empire, il avait conservé les mœurs des généraux de la République.

Plût à Dieu que nous n'eussions jamais eu que des chefs de cette trempe ! Sans doute, aucun d'eux n'avait l'ampleur de l'intelligence de Napoléon ni son génie militaire ; mais ils ne songeaient qu'à servir la France, et non pas à en faire l'instrument de leur ambition. Ils ne nous auraient sans doute pas conduits à Vienne ni à Berlin, encore moins à Moscou ; mais, en revanche, ils n'auraient pas amené l'étranger à Paris. D'ailleurs, remplis d'un mérite sinon transcendant, du moins suffisant pour assurer la grandeur légitime de leur pays, après avoir conquis la frontière du Rhin, ils auraient su nous la conserver.

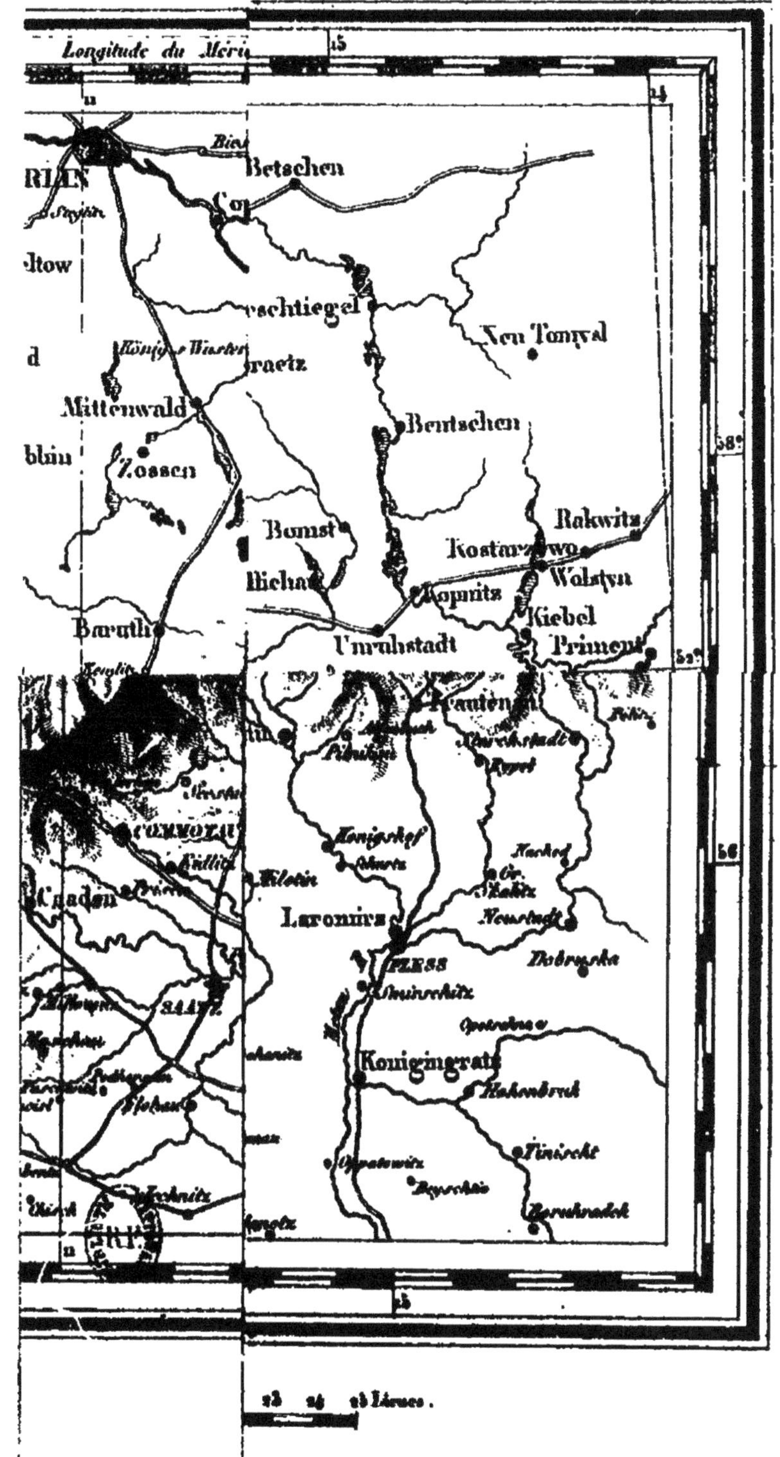
THÉATI
nt la Cam
Longitude du Méri
Betschen
RLIN
Bies
Coj
Soyin
tow
rschtiegel
Neu Tonyal
Königs Waster
raetz
d
Mittenwald
Bentschen
bliu
Zossen
Rakwitz
Kostarzewo
Bomst
Wolstyn
Michat
Kopnitz
Kiebel
Baruth
Unruhstadt
Priment
Templis
Pauten
Marchstadt
Pibukin
COMMOLU
Königshof
Hachod
Gr.
Wilotin
Labix
Caaden
Laronirs
Neustadt
PLESS
Dobryska
844
Kuinschitz
Koningingratz
Wahendruk
Fischau
Tinircht
Ostratwitz
GR
Bynschiu
Zanchnadek

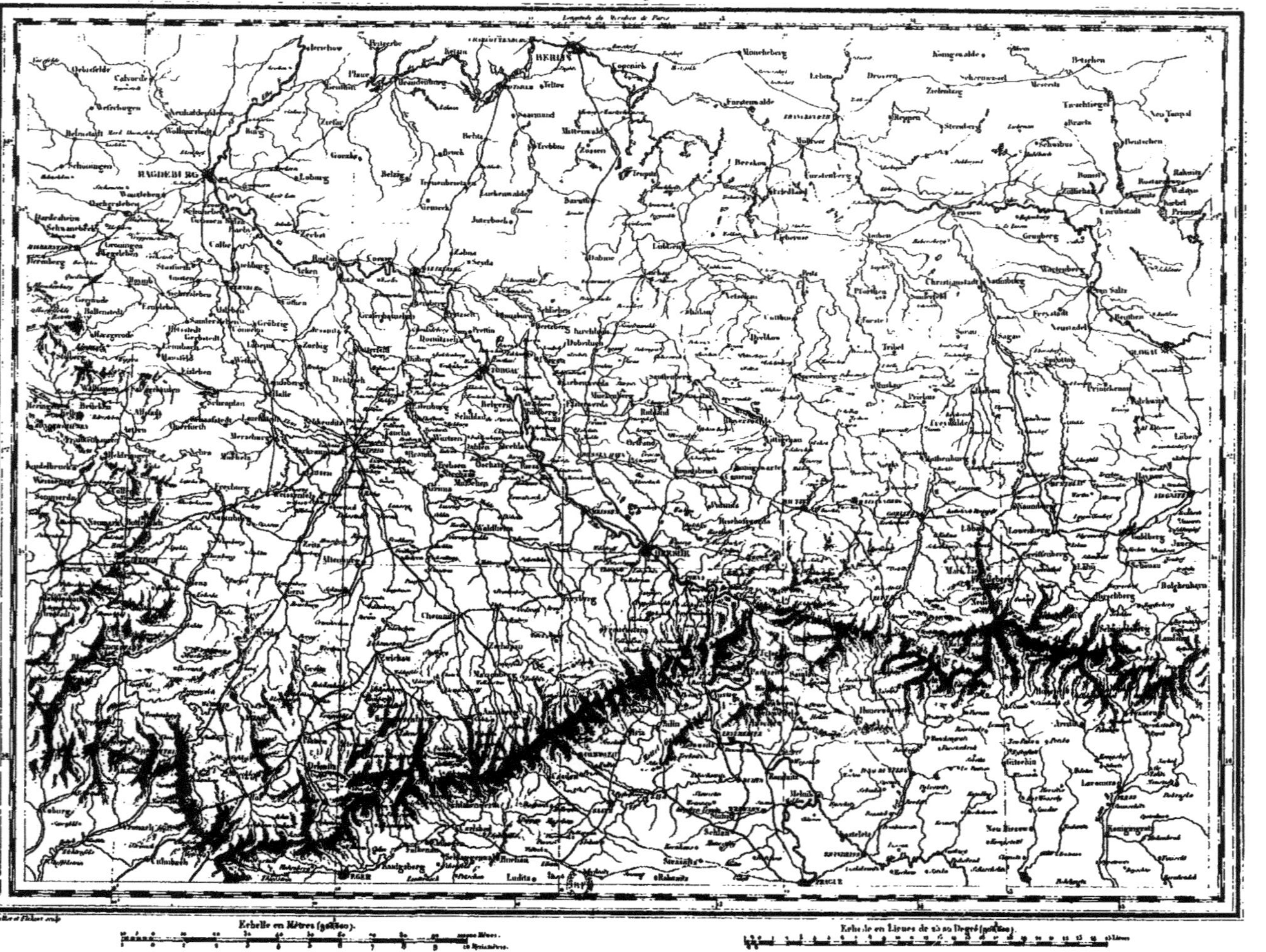

CARTE GÉNÉRALE DU THÉATRE DE LA GUERRE EN SAXE,
Pendant la Campagne de 1813.
Longitude de Meridien de Paris
BERLIN
MAGDEBURG
Echelle en Mètres (géodésic).
Echelle en Lignes de 25 au Degré (géodésic).

PARIS. — IMPRIMERIE L. BAUDOIN, 2, RUE CHRISTINE.